漢字の歴史《れきし》は三千年以上《いじょう》とも
いわれています。
最初《さいしょ》は、簡単《かんたん》な絵文字でした。
そのうち、それらを
組み合わせて、新しい漢字が
作られたのです。
一字一字の漢字に歴史がある、
そう思うと、漢字の学習が
楽しくなってきませんか。

「漢検」級別 主な出題内容

10級 …対象漢字数 80字
漢字の読み／漢字の書取／筆順・画数

9級 …対象漢字数 240字
漢字の読み／漢字の書取／筆順・画数

8級 …対象漢字数 440字
漢字の読み／漢字の書取／部首・部首名／筆順・画数／送り仮名／対義語／同じ漢字の読み

7級 …対象漢字数 642字
漢字の読み／漢字の書取／部首・部首名／筆順・画数／送り仮名／対義語／同音異字／三字熟語

6級 …対象漢字数 835字
漢字の読み／漢字の書取／部首・部首名／筆順・画数／送り仮名／対義語・類義語／同音・同訓異字／三字熟語／熟語の構成

5級 …対象漢字数 1026字
漢字の読み／漢字の書取／部首・部首名／筆順・画数／送り仮名／対義語・類義語／同音・同訓異字／誤字訂正／四字熟語／熟語の構成

4級 …対象漢字数 1339字
漢字の読み／漢字の書取／部首・部首名／送り仮名／対義語・類義語／同音・同訓異字／誤字訂正／四字熟語／熟語の構成

3級 …対象漢字数 1623字
漢字の読み／漢字の書取／部首・部首名／送り仮名／対義語・類義語／同音・同訓異字／誤字訂正／四字熟語／熟語の構成

準2級 …対象漢字数 1951字
漢字の読み／漢字の書取／部首・部首名／送り仮名／対義語・類義語／同音・同訓異字／誤字訂正／四字熟語／熟語の構成

2級 …対象漢字数 2136字
漢字の読み／漢字の書取／部首・部首名／送り仮名／対義語・類義語／同音・同訓異字／誤字訂正／四字熟語／熟語の構成

準1級 …対象漢字数 約3000字
漢字の読み／漢字の書取／故事・諺／対義語・類義語／同音・同訓異字／誤字訂正／四字熟語

1級 …対象漢字数 約6000字
漢字の読み／漢字の書取／故事・諺／対義語・類義語／同音・同訓異字／誤字訂正／四字熟語

※ここに示したのは出題分野の一例です。毎回すべての分野から出題されるとは限りません。また、このほかの分野から出題されることもあります。

日本漢字能力検定採点基準 最終改定：平成25年4月1日

❶ 採点の対象
筆画を正しく、明確に書かれた字を採点の対象とし、くずした字や、乱雑に書かれた字は採点の対象外とする。

❷ 字種・字体
① 2～10級の解答は、内閣告示「常用漢字表」（平成二十二年）による。ただし、旧字体での解答は正答とは認めない。
② 1級および準1級の解答は、『漢検要覧 1／準1級対応』（公益財団法人日本漢字能力検定協会発行）に示す「標準字体」「許容字体」「旧字体一覧表」による。

❸ 読み
① 2～10級の解答は、内閣告示「常用漢字表」（平成二十二年）による。
② 1級および準1級の解答には、①の規定は適用しない。

❹ 仮名遣い
仮名遣いは、内閣告示「現代仮名遣い」による。

❺ 送り仮名
送り仮名は、内閣告示「送り仮名の付け方」による。

❻ 部首
部首は、『漢検要覧 2～10級対応』（公益財団法人日本漢字能力検定協会発行）収録の「部首一覧表と部首別の常用漢字」による。

❼ 筆順
筆順の原則は、文部省編『筆順指導の手びき』（昭和三十三年）による。常用漢字一字一字の筆順は、『漢検要覧 2～10級対応』収録の「常用漢字の筆順一覧」による。

❽ 合格基準

級	満点	合格
1級／準1級／2級	二〇〇点	八〇％程度
準2級／3級／4級／5級／6級／7級	二〇〇点	七〇％程度
8級／9級／10級	一五〇点	八〇％程度

※部首、筆順は『漢検 漢字学習ステップ』など公益財団法人日本漢字能力検定協会発行図書でも参照できます。

日本漢字能力検定審査基準

10級

程度　小学校第1学年の学習漢字を理解し、文や文章の中で使える。

領域・内容

《読むことと書くこと》　小学校学年別漢字配当表の第1学年の学習漢字を読み、書くことができる。

《筆順》　点画の長短、接し方や交わり方、筆順および総画数を理解している。

9級

程度　小学校第2学年までの学習漢字を理解し、文や文章の中で使える。

領域・内容

《読むことと書くこと》　小学校学年別漢字配当表の第2学年までの学習漢字を読み、書くことができる。

《筆順》　点画の長短、接し方や交わり方、筆順および総画数を理解している。

8級

程度　小学校第3学年までの学習漢字を理解し、文や文章の中で使える。

領域・内容

《読むことと書くこと》　小学校学年別漢字配当表の第3学年までの学習漢字を読み、書くことができる。

・音読みと訓読みとを理解していること

・送り仮名に注意して正しく書けること（食べる、楽しい、後ろ　など）

・対義語の大体を理解していること（勝つ―負ける、重い―軽い　など）

・同音異字を理解していること（反対、体育、期待、太陽　など）

《筆順》　筆順、総画数を正しく理解している。

《部首》　主な部首を理解している。

7級

程度　小学校第4学年までの学習漢字を理解し、文章の中で正しく使える。

領域・内容

《読むことと書くこと》　小学校学年別漢字配当表の第4学年までの学習漢字を読み、書くことができる。

・音読みと訓読みとを正しく理解していること

・送り仮名に注意して正しく書けること（等しい、短い、流れる　など）

・熟語の構成を知っていること

・対義語の大体を理解していること（入学―卒業、成功―失敗　など）

・同音異字を理解していること（健康、高校、公共、外交　など）

《筆順》　筆順、総画数を正しく理解している。

《部首》　部首を理解している。

6級

程度　小学校第５学年までの学習漢字を理解し、文章の中で漢字が果たしている役割を知り、正しく使える。

領域・内容

《読むことと書くこと》　小学校学年別漢字配当表の第５学年までの学習漢字を読み、書くことができる。

・音読みと訓読みとを正しく理解していること
・送り仮名や仮名遣いに注意して正しく書けること（求める、失う　など）
・熟語の構成を知っていること（上下、絵画、大木、読書、不明　など）
・対義語、類義語の大体を理解していること（禁止―許可、平等―均等　など）
・同音・同訓異字を正しく理解していること

《筆順》　筆順、総画数を正しく理解している。

《部首》　部首を理解している。

5級

程度　小学校第６学年までの学習漢字を理解し、文章の中で漢字が果たしている役割に対する知識を身に付け、漢字を文章の中で適切に使える。

領域・内容

《読むことと書くこと》　小学校学年別漢字配当表の第６学年までの学習漢字を読み、書くことができる。

・音読みと訓読みとを正しく理解していること
・送り仮名や仮名遣いに注意して正しく書けること
・熟語の構成を知っていること
・対義語、類義語を正しく理解していること
・同音・同訓異字を正しく理解していること

《四字熟語》　四字熟語を正しく理解している（有名無実、郷土芸能　など）。

《筆順》　筆順、総画数を正しく理解している。

《部首》　部首を理解し、識別できる。

4級

程度　常用漢字のうち約１３００字を理解し、文章の中で適切に使える。

領域・内容

《読むことと書くこと》　小学校学年別漢字配当表のすべての漢字と、その他の常用漢字約３００字の読み書きを習得し、文章の中で適切に使える。

・音読みと訓読みとを正しく理解していること
・送り仮名や仮名遣いに注意して正しく書けること
・熟語の構成を正しく理解していること
・熟字訓、当て字を理解していること（小豆／あずき、土産／みやげ　など）
・対義語、類義語、同音・同訓異字を正しく理解していること

《四字熟語》　四字熟語を理解している。

《部首》　部首を識別し、漢字の構成と意味を理解している。

3級

程度　常用漢字のうち約１６００字を理解し、文章の中で適切に使える。

領域・内容

《読むことと書くこと》　小学校学年別漢字配当表のすべての漢字と、その他の常用漢字約６００字の読み書きを習得し、文章の中で適切に使える。

・音読みと訓読みとを正しく理解していること
・送り仮名や仮名遣いに注意して正しく書けること
・熟語の構成を正しく理解していること
・熟字訓、当て字を理解していること（乙女／おとめ、風邪／かぜ　など）
・対義語、類義語、同音・同訓異字を正しく理解していること

《四字熟語》　四字熟語を理解している。

《部首》　部首を識別し、漢字の構成と意味を理解している。

※常用漢字とは、平成22年（2010年）11月30日付内閣告示による「常用漢字表」に示された2136字をいう。

準2級

程度 常用漢字のうち1951字を理解し、文章の中で適切に使える。

領域・内容

《読むことと書くこと》 1951字の漢字の読み書きを習得し、文章の中で適切に使える。

・音読みと訓読みとを正しく理解していること
・送り仮名や仮名遣いに注意して正しく書けること
・熟語の構成を正しく理解していること
・熟字訓、当て字を理解していること（硫黄／いおう、相撲／すもう　など）
・対義語、類義語、同音・同訓異字を正しく理解していること

《四字熟語》 典拠のある四字熟語を理解している（驚天動地、孤立無援　など）。

《部首》 部首を識別し、漢字の構成と意味を理解している。

※1951字とは、昭和56年（1981年）10月1日付内閣告示による旧「常用漢字表」の1945字から「勺」「錘」「銑」「脹」「匁」の5字を除いたものに、現行の「常用漢字表」のうち、「茨」「媛」「岡」「熊」「埼」「鹿」「栃」「奈」「梨」「阪」「阜」の11字を加えたものを指す。

2級

程度 すべての常用漢字を理解し、文章の中で適切に使える。

領域・内容

《読むことと書くこと》 すべての常用漢字の読み書きに習熟し、文章の中で適切に使える。

・音読みと訓読みとを正しく理解していること
・送り仮名や仮名遣いに注意して正しく書けること
・熟語の構成を正しく理解していること
・熟字訓、当て字を理解していること（海女／あま、玄人／くろうと　など）
・対義語、類義語、同音・同訓異字などを正しく理解していること

《四字熟語》 典拠のある四字熟語を理解している（鶏口牛後、呉越同舟　など）。

《部首》 部首を識別し、漢字の構成と意味を理解している。

準1級

程度 常用漢字を含めて、約3000字の漢字の音・訓を理解し、文章の中で適切に使える。

領域・内容

《読むことと書くこと》 常用漢字の音・訓を含めて、約3000字の漢字の読み書きに慣れ、文章の中で適切に使える。

・熟字訓、当て字を理解していること
・対義語、類義語、同音・同訓異字などを理解していること
・国字を理解していること（峠、凧、畠　など）
・複数の漢字表記について理解していること（國―国、交叉―交差　など）

《四字熟語・故事・諺》 典拠のある四字熟語、故事成語・諺を正しく理解している。

《古典的文章》 古典的文章の中での漢字・漢語を理解している。

※約3000字の漢字は、JIS第一水準を目安とする。

1級

程度 常用漢字を含めて、約6000字の漢字の音・訓を理解し、文章の中で適切に使える。

領域・内容

《読むことと書くこと》 常用漢字の音・訓を含めて、約6000字の漢字の読み書きに慣れ、文章の中で適切に使える。

・熟字訓、当て字を理解していること
・対義語、類義語、同音・同訓異字などを理解していること
・国字を理解していること（怺える、毟る　など）
・地名・国名などの漢字表記（当て字の一種）を知っていること
・複数の漢字表記について理解していること（鹽―塩、颱風―台風　など）

《四字熟語・故事・諺》 典拠のある四字熟語、故事成語・諺を正しく理解している。

《古典的文章》 古典的文章の中での漢字・漢語を理解している。

※約6000字の漢字は、JIS第一・第二水準を目安とする。

※常用漢字とは、平成22年（2010年）11月30日付内閣告示による「常用漢字表」に示された2136字をいう。

個人受検を申し込まれる皆さまへ

協会ホームページのご案内

検定に関する最新の情報（申込方法やお支払い方法など）は、公益財団法人　日本漢字能力検定協会**ホームページ https://www.kanken.or.jp/** をご確認ください。
なお、下記の二次元コードから、ホームページへ簡単にアクセスできます。

受検規約について

受検を申し込まれる皆さまは、「日本漢字能力検定 受検規約（漢検ＰＢＴ）」の適用があることを同意のうえ、検定の申し込みをしてください。受検規約は協会のホームページでご確認いただけます。

1 受検級を決める

受検資格　制限はありません

実施級　1、準1、2、準2、3、4、5、6、7、8、9、10級

検定会場　全国主要都市約170か所に設置
（実施地区は検定の回ごとに決定）

検定時間　ホームページにてご確認ください。

2 検定に申し込む

インターネットにてお申し込みください。

①家族・友人と同じ会場での受検を希望する方は、検定料のお支払い完了後、申込締切日の2営業日後までに協会（お問い合わせフォーム）までお知らせください。

注意

②障がいがあるなど、身体的・精神的な理由により、受検上の配慮を希望される方は、申込締切日までに協会（お問い合わせフォーム）までご相談ください（申込締切日以降のお申し出には対応できかねます）。

③申込締切日以降は、受検級・受検地を含む内容変更および取り消し・返金は、いかなる場合もできません。また、次回以降の振替え、団体受検や漢検ＣＢＴへの変更もできません。

団体受検の申し込み

自分の学校や企業などの団体で志願者が一定以上集まると、団体単位で受検の申し込みができる「団体受検」という制度もあります。団体受検申込を扱っているかどうかは先生や人事関係の担当者に確認してください。

3 受検票が届く

受検票は検定日の約1週間前から順次お届けします。

注意

①1、準1、2、準2、3級の方は、後日届く受検票に顔写真（タテ4㎝×ヨコ3㎝、6か月以内に撮影、上半身、正面、帽子やマスクは外す）を貼り付け、会場に当日持参してください。
（当日回収・返却不可）

②4級～10級の方は、顔写真は不要です。

4 検定日当日

持ち物　受検票、鉛筆（HB、B、2Bの鉛筆またはシャープペンシル）、消しゴム

※ボールペン、万年筆などの使用は認められません。ルーペ持ち込み可。

注意

①会場への車での来場（送迎を含む）は、交通渋滞の原因や近隣の迷惑になりますので固くお断りします。

②検定開始時刻の15分前を目安に受検教室までお越しください。答案用紙の記入方法などを説明します。

③携帯電話やゲーム、電子辞書などは、電源を切り、かばんにしまってから入場してください。

④検定中は受検票を机の上に置いてください。

⑤答案用紙には、あらかじめ名前や生年月日などが印字されています。

⑥検定日の約5日後に漢検ホームページにて標準解答を公開します。

5 合否の通知

検定日の約40日後に、受検者全員に「検定結果通知」を郵送します。合格者には「合格証書」・「合格証明書」を同封します。欠席者には検定問題と標準解答をお送りします。受検票は検定結果が届くまで大切に保管してください。

進学・就職に有利！合格者全員に合格証明書発行

大学・短大の推薦入試の提出書類に、また就職の際の履歴書に添付してあなたの漢字能力をアピールしてください。合格者全員に、合格証書と共に合格証明書を2枚、無償でお届けいたします。

合格証明書が追加で必要な場合は有償で再発行できます。

申請方法はホームページにてご確認ください。

お問い合わせ窓口

電話番号　フリーコール 0120-509-315（無料）
（海外からはご利用いただけません。ホームページよりメールでお問い合わせください。）

お問い合わせ時間　月～金　9時00分～17時00分
（祝日・お盆・年末年始を除く）
※公開会場検定日とその前日の土曜は開設
※検定日は9時00分～18時00分

メールフォーム　https://www.kanken.or.jp/kanken/contact/

「漢検」受検の際の注意点

【字の書き方】

問題の答えは楷書で大きくはっきり書きなさい。乱雑な字や続け字、また、行書体や草書体のようにくずした字は採点の対象とはしません。

特に漢字の書き取り問題では、答えの文字は教科書体をもとにして、はねるところ、とめるところなどもはっきり書きましょう。また、画数に注意して、一画一画を正しく、明確に書きなさい。

《例》

○熱　×熱

○言　×言

○糸　×糸

【字種・字体について】

(1)日本漢字能力検定2～10級においては、「常用漢字表」に示された字種で書きなさい。つまり、表外漢字（常用漢字表にない漢字）を用いると、正答とは認められません。

《例》

○交差点　×交叉点　（「叉」が表外漢字）

○寂しい　×淋しい　（「淋」が表外漢字）

(2)日本漢字能力検定2～10級においては、「常用漢字表」に示された字体で書きなさい。なお、「常用漢字表」に参考として示されている康熙《こうき》字典体など、旧字体と呼ばれているものを用いると、正答とは認められません。

《例》

○真　×眞

○飲　×飮

○弱　×弱

○渉　×涉

○迫　×迫

(3)一部例外として、平成22年告示「常用漢字表」で追加された字種で、許容字体として認められているものや、その筆写文字と印刷文字との差が習慣の相違に基づくとみなせるものは正答と認めます。

《例》

餌 ➡ 餌　と書いても可

遜 ➡ 遜　と書いても可

葛 ➡ 葛　と書いても可

溺 ➡ 溺　と書いても可

箸 ➡ 箸　と書いても可

注意

(3)において、どの漢字が当てはまるかなど、一字一字については、当協会発行図書（2級対応のもの）掲載の漢字表で確認してください。

公益財団法人 日本漢字能力検定協会

漢検

漢《かん》検《けん》 過《か》去《こ》問題集

8級

漢検 公益財団法人 日本漢字能力検定協会

●この本に関《かん》するアンケート●

今後の出版《しゅっぱん》事業に役立てたいと思いますので、アンケートにご協力《きょうりょく》ください。抽選《ちゅうせん》で粗品《そしな》をお送りします。

◆PC・スマートフォンの場合

下記 URL、または二次元コードから回答画面に進み、画面の指示《しじ》に従《したが》ってお答えください。

https://www.kanken.or.jp/kanken/textbook/past.html

◆愛読《あいどく》者カード（ハガキ）の場合

この本に挟《はさ》み込《こ》んでいるハガキに切手をはり、お送りください。

目次

□この本の使い方 …… 4
□検定《けんてい》ではここに注意！ …… 8
□8級 しけんもんだい …… 15
しけんもんだい 1 …… 16
しけんもんだい 2 …… 22
しけんもんだい 3 …… 28
しけんもんだい 4 …… 34
しけんもんだい 5 …… 40
しけんもんだい 6 …… 46
しけんもんだい 7 …… 52
しけんもんだい 8 …… 58
しけんもんだい 9 …… 64
しけんもんだい 10 …… 70
しけんもんだい 11 …… 76
しけんもんだい 12 …… 82

ふろく

7級 しけんもんだい …… 88
答案《とうあん》用紙 …… 92
しけんもんだい 13 実物大見本 …… 巻末《かんまつ》

この本の使い方

この本は、2021・2022年度に行った日本漢字能力検定《のうりょくけんてい》（漢検《かんけん》）8級の「しけんもんだい」と、その「標準解答《ひょうじゅんかいとう》（こたえ）」をおさめたものです。

さらに、検定での注意事項《じこう》、「しけんもんだい」の実物大見本、合格者平均得点《ごうかくしゃへいきんとくてん》など、受検《じゅけん》にあたって知っておきたい情報《じょうほう》をおさめました。

1 「しけんもんだい」を解《と》く

2021・2022年度に行った「しけんもんだい」のうち、13回分をおさめました。

1回分の問題は見開きで6ページです（図1）。

「しけんもんだい」は、段《だん》ごとに右ページから左ページへつづけて見てください。

図1「しけんもんだい」

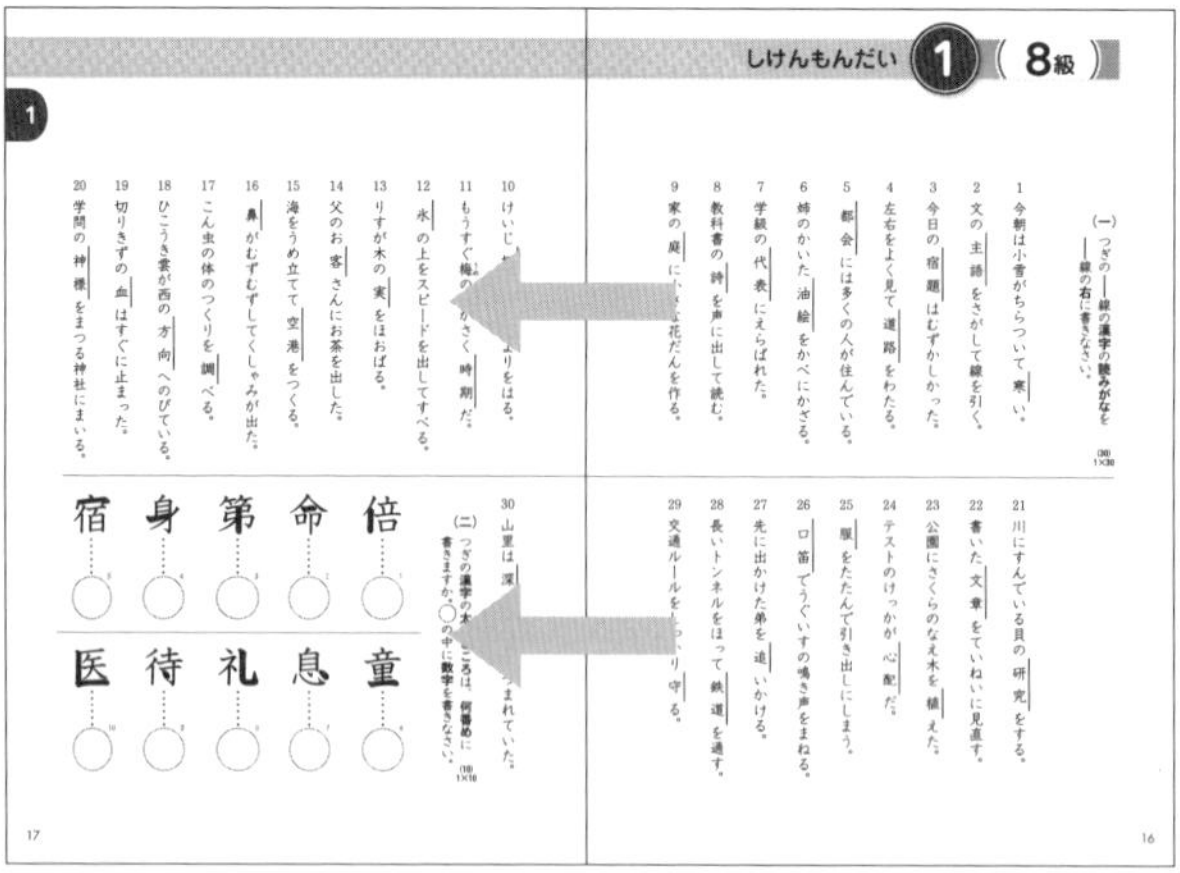

8級の検定時間は40分です。時間をはかりながら、1回分を通して解きましょう。

2 別冊《べっさつ》の「標準解答（こたえ）」で答え合わせ

各《かく》問題の標準解答は別冊にまとめました。1回分は見開きで4ページです（図2）。

8級は150点満点《まんてん》です。80％程度《ていど》正解《せいかい》を合格のめやすとしてください。

また、「しけんもんだい」**1**～**10**と実物大見本（**13**）の解答には、(一)(二)(三)……の大問ごとに**合格者平均得点**をつけました。問題のむずかしさを知る手がかりとしてください。

図2「標準解答（こたえ）」

「標準解答（こたえ）」も、段ごとに右ページから左ページへつづけて見てください。

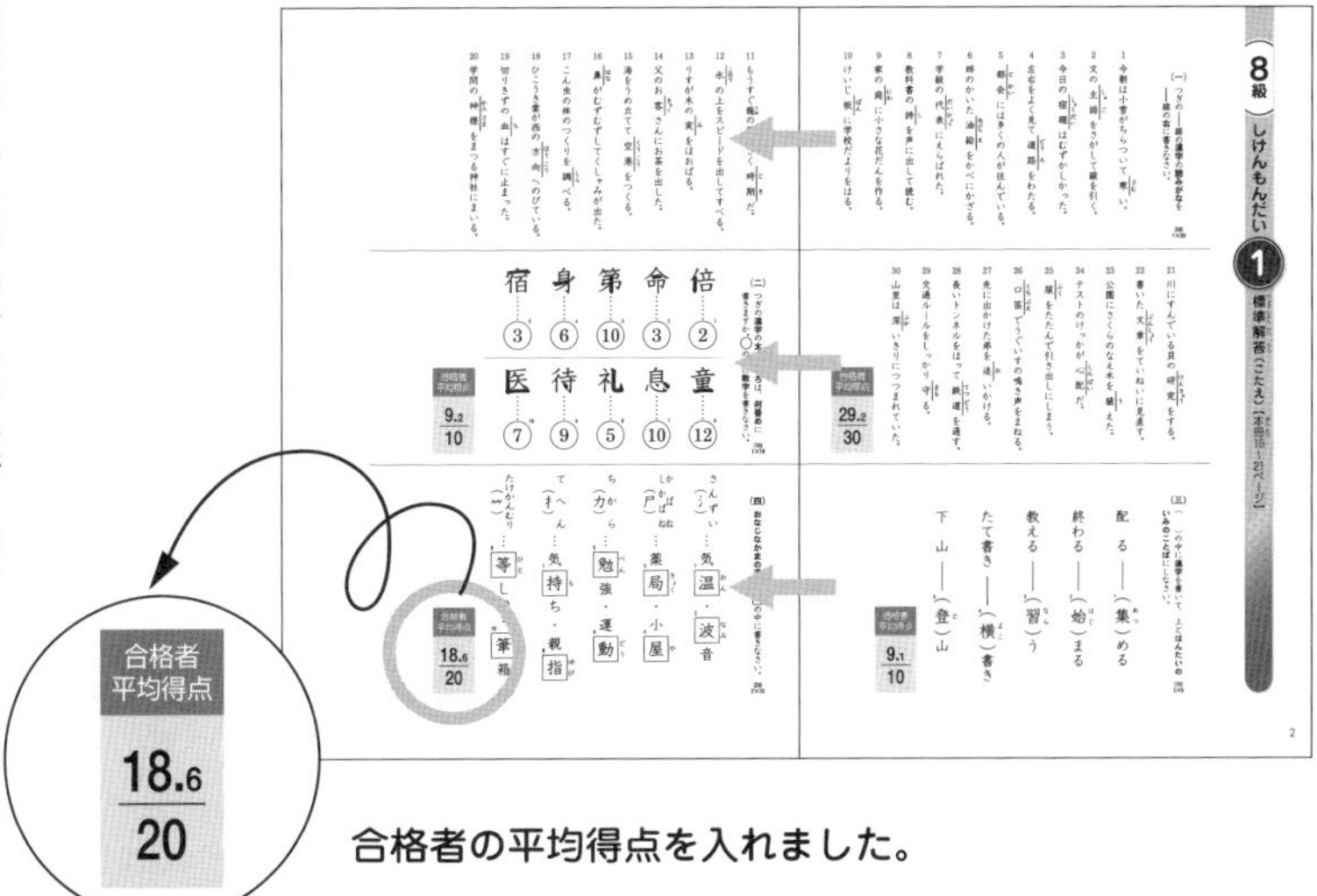

合格者の平均得点を入れました。

3 「検定《けんてい》ではここに注意！」をチェック

検定当日の注意事項《じこう》や、実際《じっさい》の答案《とうあん》記入にあたって注意していただきたいことをまとめました。

ここをしっかり読んで、検定当日に備《そな》えてください。

4 巻末《かんまつ》—しけんもんだい実物大見本

「しけんもんだい」**13**は、巻末に実物とほぼ同じ大きさ・形式でおさめています（図3〜図6）。

検定は、問題用紙に直接解答《ちょくせつかいとう》を書きこむ形式で行います。この見本を使って、実際の解答形式になれておきましょう。

図3 実物大見本1枚《まい》目（おもて）

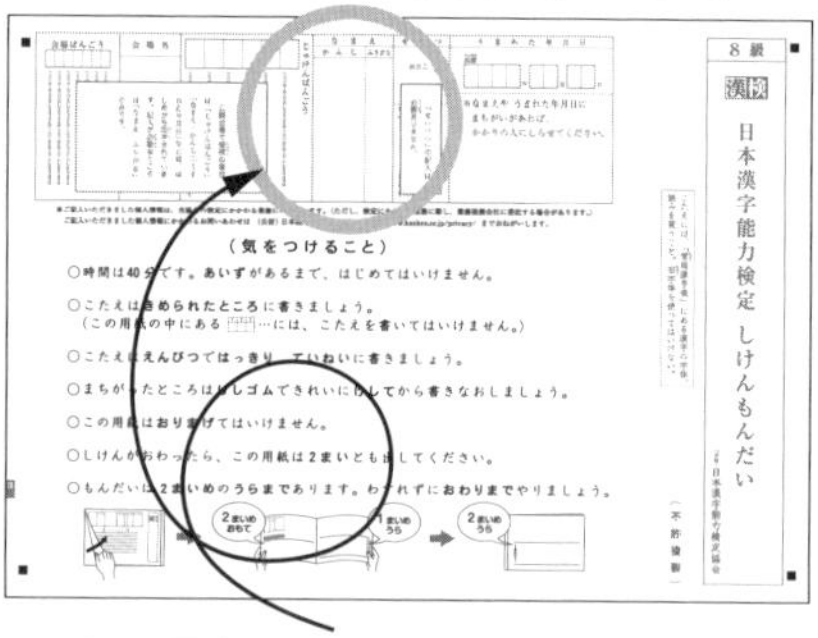

公開会場で受検《じゅけん》の場合は、この部分の「じゅけんばんごう」「なまえ・かんじ」「うまれた年月日」などは、はじめから印字《いんじ》されています。記入が必《ひつ》要《よう》なところは「なまえ・ふりがな」のみです。

図4 実物大見本1枚目（うら）

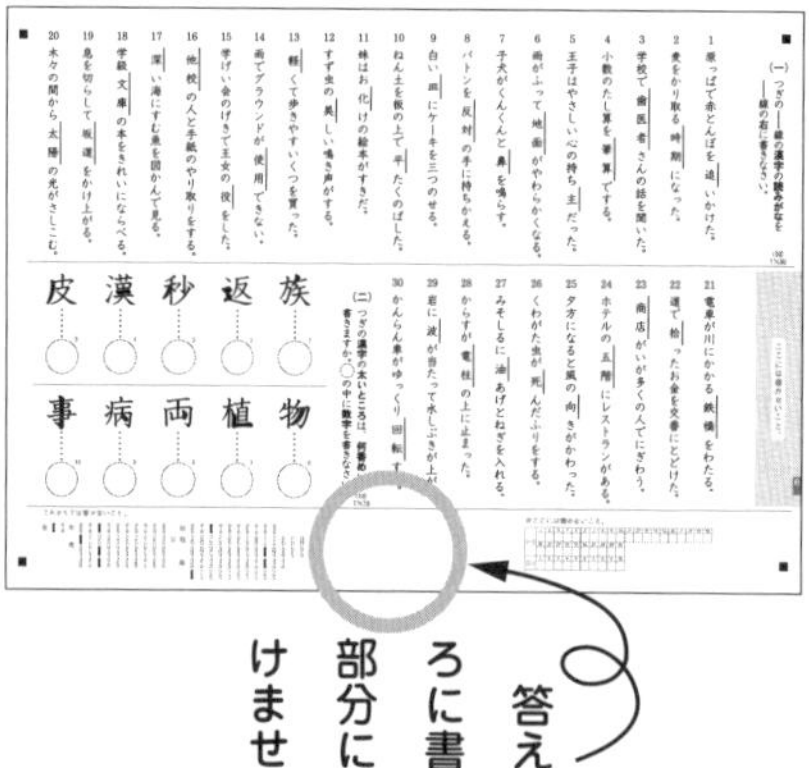

答えは決められたところに書きましょう。この部分には何も書いてはいけません。

●巻頭《かんとう》—カラー口絵

主な出題内容《ないよう》、採点《さいてん》基準《きじゅん》、および審査《しんさ》基準などをのせました。

●ふろく—7級の問題・答案用紙・標準《ひょうじゅん》解答

7級の「しけんもんだい」・答案用紙1回分を、8級の「しけんもんだい」の後にのせました（標準解答は別冊《べっさつ》です）。

●データでみる「漢検《かんけん》」

「漢検」受検者の年齢層別《ねんれいそうべつ》割合《わりあい》・大問別正答率《りつ》を、別冊の最後《さいご》にまとめました。

図5 実物大見本2枚目（おもて）

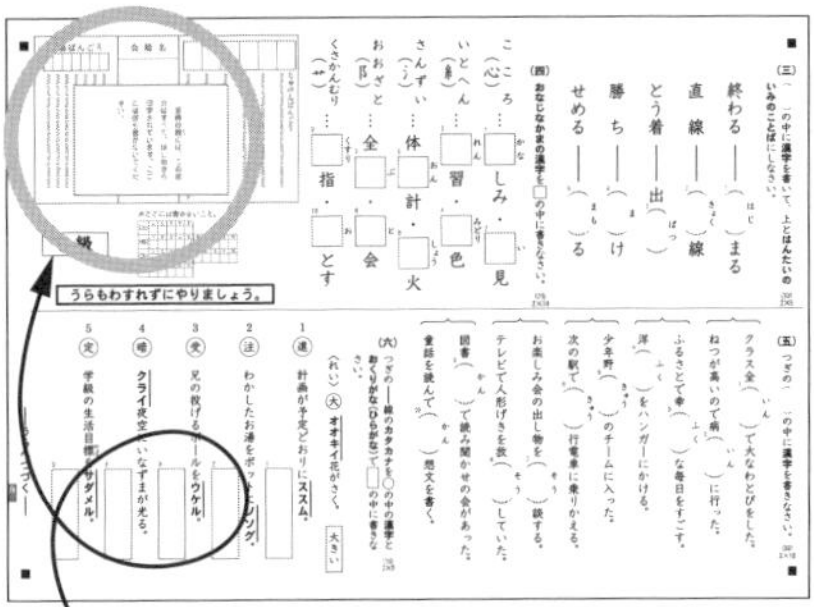

受検の際《さい》には、この部分はすべて、はじめから印字されています。ここには何も書かないでください。

図6 実物大見本2枚目（うら）

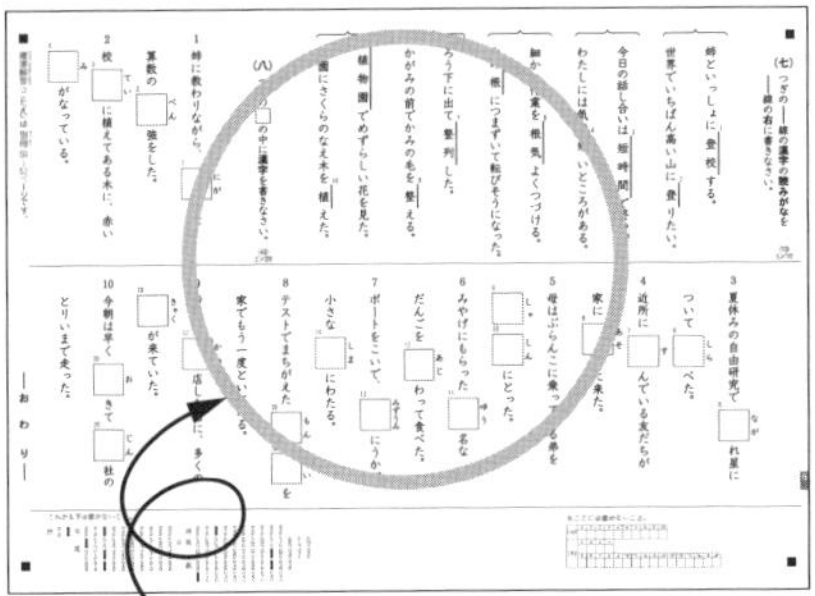

2枚目のうらにも問題があります。わすれずに、かならず最後までやりましょう。

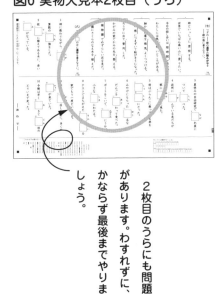

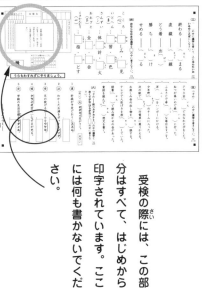

検定《けんてい》ではここに注意！

●検定当日について

当日は何を持っていけばよいですか？

受検票《じゅけんひょう》（公開会場の場合）と筆記用具はかならず持ってきてください。

受検票は検定日の１週間くらい前にとどきます。

鉛筆《えんぴつ》またはシャープペンシルは、ＨＢ・Ｂ・２Ｂのものを使ってください。何本か多めに持っていくとよいでしょう。

消しゴムもわすれずに持っていきましょう。

そのほかに注意することは何ですか？

検定開始の10分前から説明《せつめい》をしますので、検定開始の15分前には会場に入り、せきについてください。

けいたい電話やゲーム、電子辞書《じしょ》などは、電源《でんげん》を切り、かばんにしまってから会場に入りましょう。

せきについたら、受検票と筆記用具をつくえの上において、係員の説明をよく聞いてください。

●答案《とうあん》について

? じっさいの問題用紙はどんなものですか?

8級の問題用紙は2まい（おもてとうらで4ページ）あります。1まい目のおもてには「気をつけること」が書いてありますので、はじめにここをよく読みましょう。

8級では、問題用紙と答案用紙はべつべつになっていません。答えはすべて問題用紙にそのまま書きこんでください。問題は2まい目のうらまであります。わすれずにやりましょう。

この本の一番後ろには、じっさいの問題用紙とほぼ同じ大きさの見本がついています。この見本を使って、練習してみましょう。

? 問題に答えるときに、どんなことに注意しなければなりませんか?

問題文をよく読んで答えましょう。答える部分や答え方などが書いてあるときは、そのとおりに答えてください。

たとえば、「——線のカタカナ」とあるところでは「——線のカタカナ」部分だけを、「ひらがなで」とあれば「ひらがな」で答えましょう。

問題文に書いてあるとおりの答え方をしないと、不正解《ふせいかい》となります。

〈れい〉

問題　つぎの——線の**カタカナ**を◯の中の**漢字とおくりがな（ひらがな）**で□の中に書きなさい。

㊀起　毎朝七時にオキル。

解答《かいとう》れい　起きる……○

起……×

起キル……×

問題　つぎの――線の漢字の読みがなを――線の右に書きなさい。

シャツのボタンが取れる。

解答れい　シャツのボタンが取《と》れる。……○

シャツのボタンが取《とれる》れる。……×

シャツのボタンが取《と》れる。……×

シャツのボタンが取れ《と》る。……×

? 答えを書くときに、どんなことに注意しなければなりませんか？

漢字を書くときは、ていねいに、はっきりと書いてください。くずした字やざつな字は採点《さいてん》されません。教科書の字（手書きの字に近いとされる）を手本にして、はねるところ、とめるところなどもはっきり書きましょう。

とくに次の点に注意してください。

①画数を正しく書く

〈れい〉　球…○　球…×

②字のほね組みを正しく書く

〈れい〉　消…○　消…×

③つき出るところ、つき出ないところを正しく書く
〈れい〉 急…○　急…×

④字の組み立てを正しく書く
〈れい〉 整…○　整…×

⑤一画ずつていねいに書く
〈れい〉 次…○　次…×

⑥よくにている、べつの字（または字の一部分）と区別《くべつ》がつくように書く
〈れい〉 未／末

また、ひらがなを書くときも、漢字で書くときと同様に、ていねいに書いてください。
とくに次の点に注意してください。

---

①形がにているひらがな
・さいごに書くところをはっきりと書く
〈れい〉 ぬ・め／ね・れ・わ／る・ろ　など
・バランス・画の曲げ方に気をつける
〈れい〉 て・へ／か・や／く・し／ゆ・わ／く・ん　など

②拗音《ようおん》「ゃ」「ゅ」「ょ」や促音《そくおん》「っ」は小さく右によせて書く
〈れい〉 いしゃ…○　いしや…×
がっこう…○　がつこう…×

③濁点《だくてん》「゛」や半濁点「゜」をはっきり書く
〈れい〉 ず…○　ず…×　ず…×
ぱ…○　ぱ…×　ぱ…×

「農・去・食・長」などは「レ」と書くのが正しいですか？「レ」と書くのが正しいですか？

「農・去・食・長」などの「レ」の部分は、活字（いんさつされた字）のデザインにおいて、一画で書く「レ」のおれを強調したものです。

検定《けんてい》では、〈れい1〉にあげた教科書の字（手書きの字に近いとされる）を手本にして、「レ」のように一画で書きましょう。

〈れい1〉農　去　食　長……○

〈れい2〉農　去　食　長……×

次のれいではどちらが正しい書き方ですか？

戸「戸」か「戸」か

言「言」か「言」か

文「文」か「文」か

公「公」か「公」か

糸「糸」か「糸」か

女「女」か「女」か

どちらの書き方でも正解《せいかい》とします。

検定では教科書の字（手書きの字に近いとされる）を手本にして書くことをすすめていますが、活字と手書きの字とのちがいの中には、どちらで書いてもよいとみとめられているものがあります。ここにあげた「戸」「言」

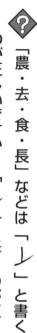

「文」「公」「糸」「女」は、そのどちらで書いてもよいものの一部です。
次に、こうしたれいをあげておきます。

①長いか、短いか

戸——戸戸戸　雨——雨雨

②向きはどちらか

言——言言言　風——風風

③つけるか、はなすか

文——文文　月——月月

④はらうか、とめるか

公——公公　角——角角

⑤はねるか、とめるか

糸——糸糸　切——切切切

⑥その他

女——女女　外——外外外

しけんもんだい	学習日	点数
1	月　　日	点
2	月　　日	点
3	月　　日	点
4	月　　日	点
5	月　　日	点
6	月　　日	点
7	月　　日	点
8	月　　日	点
9	月　　日	点
10	月　　日	点
11	月　　日	点
12	月　　日	点
13 実物大見本	月　　日	点

○学習した日と点数を記入しましょう。

8級 しけんもんだい

しけんもんだい 1 （8級）

（一）つぎの――線の**漢字**の**読みがな**を――線の**右**に書きなさい。

(30) 1×30

1 今朝は小雪がちらついて寒い。
2 文の主語をさがして線を引く。
3 今日の宿題はむずかしかった。
4 左右をよく見て道路をわたる。
5 都会には多くの人が住んでいる。
6 姉のかいた油絵をかべにかざる。
7 学級の代表にえらばれた。
8 教科書の詩を声に出して読む。
9 家の庭に小さな花だんを作る。

21 川にすんでいる貝の研究をする。
22 書いた文章をていねいに見直す。
23 公園にさくらのなえ木を植えた。
24 テストのけっかが心配だ。
25 服をたたんで引き出しにしまう。
26 口笛でうぐいすの鳴き声をまねる。
27 先に出かけた弟を追いかける。
28 長いトンネルをほって鉄道を通す。
29 交通ルールをしっかり守る。

10 けいじ板に学校だよりをはる。
11 もうすぐ梅《うめ》の花がさく時期だ。
12 氷の上をスピードを出してすべる。
13 りすが木の実をほおばる。
14 父のお客さんにお茶を出した。
15 海をうめ立てて空港をつくる。
16 鼻がむずむずしてくしゃみが出た。
17 こん虫の体のつくりを調べる。
18 ひこうき雲が西の方向へのびている。
19 切りきずの血はすぐに止まった。
20 学問の神様をまつる神社にまいる。

30 山里は深いきりにつつまれていた。

(二) つぎの**漢字**の**太いところ**は、**何番め**に書きますか。◯の中に**数字**を書きなさい。 (10) 1×10

1 倍
2 命
3 第
4 身
5 宿
6 童
7 息
8 礼
9 待
10 医

（三）（　）の中に**漢字**を書いて、上と**はんたいのいみのことば**にしなさい。 (10) 2×5

配る —— 1（　）《あつ》める

終わる —— 2（　）《はじ》まる

教える —— 3（　）《なら》う

たて書き —— 4（　）《よこ》書き

下山 —— 5（　）《と》山

（五）つぎの（　）の中に**漢字**を書きなさい。 (20) 2×10

歯医1（　）《しゃ》さんから虫歯の話を聞く。
雨上がりに、にじの2（　）《しゃ》真をとる。

お楽しみ会の進め方を3（　）《そう》談する。
テレビで人形げきが放4（　）《そう》された。

わすれ物をしないように5（　）《ちゅう》意する。
クレーンで古い電6（　）《ちゅう》をつり上げる。

雪がつもって外は一面の銀世7（　）《かい》だ。
二8（　）《かい》のまどから中庭を見下ろす。

兄は百メートルを十四9（　）《びょう》で走った。
けがをして10（　）《びょう》院で手当てを受けた。

（四）おなじなかまの漢字を□の中に書きなさい。 (20) 2×10

さんずい（氵）…気 1□《おん》・2□《なみ》音

しかばね（尸）…薬 3□《きょく》・小 4□《や》

ちから（力）…5□《べん》強・運 6□《どう》

てへん（扌）…気 7□《も》ち・親 8□《ゆび》

たけかんむり（⺮）…9□《ひと》しい・10□《ふで》箱

（六） つぎの──線の**カタカナ**を○の中の**漢字**と**おくりがな（ひらがな）**で□の中に書きなさい。 (10) 2×5

〈れい〉 ㊅大 **オオキイ**花がさく。 　大きい

1 （定） 図書のかし出し期間を**サダメル**。 1□

2 （運） 大きな船に石炭をつんで**ハコブ**。 2□

3 （整） かみの毛をくしで**トトノエル**。 3□

4 （悲） **カナシイ**知らせに心がいたむ。 4□

5 （拾） 地区の公園のごみを**ヒロウ**。 5□

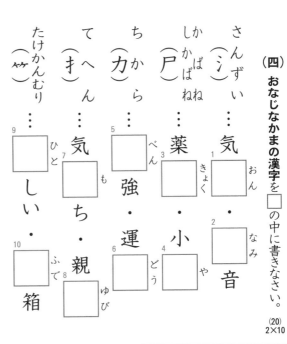

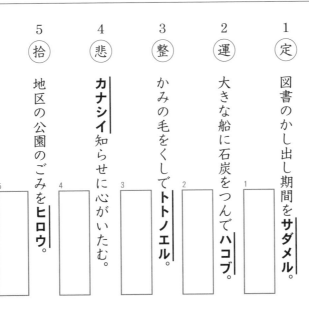

（七）つぎの――線の**漢字**の**読みがな**を――線の**右**に書きなさい。

(10) 1×10

新しい 1高速 道路が開通した。
友だちと計算の 2速 さをきそう。

はがきに自分の 3住所 と名前を書いた。
おじは東京に 4住 んでいる。

魚が 5湖面 から高くとびはねた。
6湖 にうすい氷がはっていた。

7悪人 たちが心を入れかえる。
きりが立ちこめて見通しが 8悪 い。

---

3 自分の考えを 5□《みじか》くまとめて
わかりやすく 6□《はっ》表する。

4 7□《えき》前からバスに乗って
水族 8□《かん》に行く。

5 学級会の話し合いで、さんせいと 9□《はん》10□《たい》に意見が分かれた。

6 イルカが広い海を自 11□《ゆう》に 12□《およ》ぎ回る。

公園の[9]遊具が新しくなった。

みんなでトランプをして[10]遊んだ。

(八) つぎの□の中に**漢字**を書きなさい。 (40) 2×20

1 体[1]□《いく》の時間にクラス全[2]□《いん》でドッジボールをした。

2 「おには外、[3]□《ふく》は内。」と言いながら[4]□《まめ》をまく。

7 少年野[13]□《きゅう》の試《し》合で[14]□《ま》けてくやしかった。

8 力いっぱい自[15]□《てん》車をこいで[16]□《きゅう》な坂道をのぼる。

9 川に[17]□《お》ちておぼれていた子犬が[18]□《たす》けられた。

10 レモンの[19]□《かわ》をかじってみたら少し[20]□《にが》かった。

▼解答《かいとう》(こたえ)は別冊《べっさつ》2～5ページ

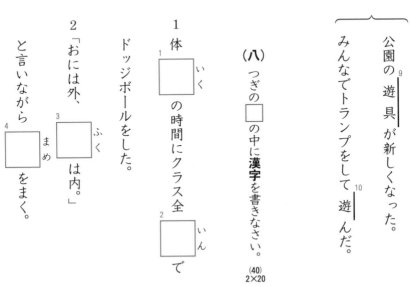

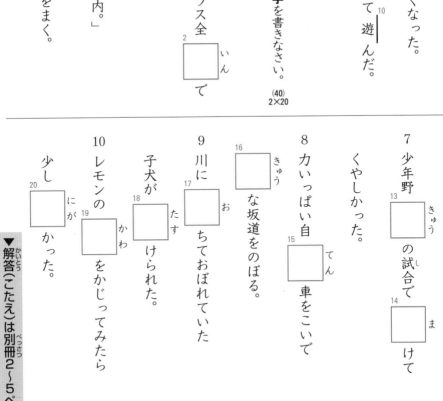

しけんもんだい 2 （8級）

（一） つぎの――線の**漢字**の**読みがな**を――線の**右**に書きなさい。 (30) 1×30

1 雨にぬれたあじさいが美しい。
2 公園の中央に広場がある。
3 農家の人から新せんなトマトを買う。
4 店内に多くの品物がならんでいる。
5 教科書にのっている詩を音読した。
6 巣《す》から落ちたひな鳥を助ける。
7 ドアを軽くノックして部屋に入る。
8 ざっ草を根もとから引きぬく。
9 ひやした麦茶を水とうに注ぐ。

21 川にいる魚について研究した。
22 チームは期待どおり勝利《り》した。
23 走りつづけて息が苦しくなった。
24 太いつなを両方から引き合う。
25 石炭をもやして汽車が走る。
26 広い畑でさつまいもを育てる。
27 おかしの空き箱を工作に役立てる。
28 たきの水がいきおいよく流れ落ちる。
29 他人の意見に耳をかたむける。

10 体育 の時間にサッカーをした。

11 ふろ上がりにジュースを 飲 む。

12 神社で 祭 りのたいこが鳴っている。

13 アンデルセンの 童話 を読む。

14 くもの糸が 銀 いろに光って見えた。

15 小川にかかる丸木の 橋 をわたる。

16 雲の間から 太陽 が顔を出す。

17 都会 の大通りにビルが立ちならぶ。

18 電池をつなぐと 豆電球 がついた。

19 今日は 予想 したとおり、晴れた。

20 筆箱 に新しいえん筆を入れる。

30 外国の大きな客船が 港 を出ていく。

(二) つぎの**漢字**の**太いところ**は、**何番め**に書きますか。◯の中に**数字**を書きなさい。 (10) 1×10

路 1 ◯　短 2 ◯　乗 3 ◯　員 4 ◯　級 5 ◯

県 6 ◯　速 7 ◯　鉄 8 ◯　着 9 ◯　様 10 ◯

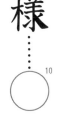

（三）（　）の中に**漢字**を書いて、上と**はんたいのいみのことば**にしなさい。 (10) 2×5

せめる ― 1（まも）る

あさい ― 2（ふか）い

受ける ― 3（な）げる

始め ― 4（お）わり

さんせい ― 5（はん）対

（五） つぎの（　）の中に**漢字**を書きなさい。 (20) 2×10

学げい会のげきの練1（しゅう）をした。

午前九時に公園に2（しゅう）合した。

音楽に合わせて元気よく行3（しん）する。

遠足の写4（しん）をアルバムにはった。

体育5（かん）でドッジボールをした。

主人公の美しい心に6（かん）動した。

大きな客船で世7（かい）の国々を回る。

エレベーターで五8（かい）に上がる。

9（じ）回の大会では金メダルを目指す。

母は大切な用10（じ）で出かけている。

（四）**おなじなかまの漢字**を□の中に書きなさい。 (20) 2×10

くさかんむり（艹）…1□《に》物・2□《やっ》局

まだれ（广）…校3□《てい》・金4□《こ》

しんにょう しんにゅう（辶）…5□《あそ》び場・6□《はこ》ぶ

つちへん（土）…7□《さか》道・8□《じ》面

さんずい（氵）…ごま9□《あぶら》・10□《おん》度

（六）つぎの——線の**カタカナ**を○の中の**漢字**と**おくりがな（ひらがな）**で□の中に書きなさい。 (10) 2×5

〈れい〉（大）**オオキイ**花がさく。 大きい

1 （開） 教科書の三十ページを**ヒラク**。 □

2 （味） しぼりたての牛にゅうを**アジワウ**。 □

3 （返） 先週かりた本を友だちに**カエス**。 □

4 （曲） はり金をペンチで**マゲル**。 □

5 （平） **ヒラタイ**皿にやいた魚をのせる。 □

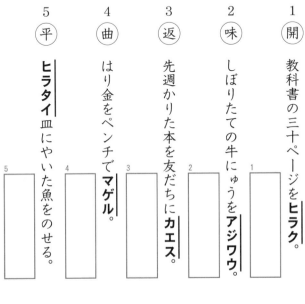

（七）

つぎの――線の**漢字**の**読みがな**を――線の**右**に書きなさい。

（10）1×10

兄と同じ 1水泳 教室に通う。

くらげが 2泳ぐ様子をながめた。

一年間に 3身長が五センチのびた。

ゆでたまごの 4白身を食べる。

家族で 5相談して旅行先を決めた。

うでずもうで強い 6相手に勝った。

子ねこがぶじに生まれて 7安心した。

スーパーで 8安売りをしていた。

---

3 理科の時間に、いろいろな物の 5［　］《おも》さを 6［　］《しら》べた。

4 自分の考えを 7［　］《せい》理して文 8［　］《しょう》にまとめる。

5 ペンギンが一 9［　］《れつ》にならんで海に 10［　］《む》かって歩く。

6 きのう、歯 11［　］《い》12［　］《しゃ》さんに虫歯をみてもらった。

テストで計算の9実力をためす。

うめの木に10実がいっぱいなっている。

(八) つぎの□の中に漢字を書きなさい。 (40) 2×20

1 木々の1□《は》の2□《みどり》がこくなってきた。

2 きょうりゅうの歯の3□《か》石が4□《はっ》見された。

7 まきじゃくを使って黒13□《ばん》のたてと14□《よこ》の長さをはかる。

8 林の中は日当たりが15□《わる》くて16□《くら》かった。

9 家に帰ってすぐに17□《しゅく》18□《だい》の漢字ドリルをした。

10 わたしの19□《す》んでいる町には20□《ゆう》名な寺がある。

▼解答《かいとう》(こたえ)は別冊《べっさつ》6～9ページ

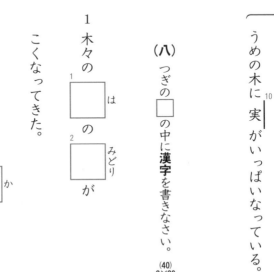

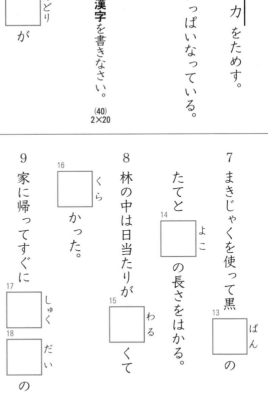

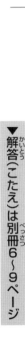

しけんもんだい 3 （8級）

（一） つぎの——線の**漢字**の**読みがな**を——線の**右**に書きなさい。 (30) 1×30

1 はまべの貝がらが波にさらわれる。

2 庭のひまわりが大きく育つ。

3 ボールを力いっぱい投げる。

4 歩道橋の階だんをゆっくり上った。

5 友だちを追いかけて走った。

6 さんせいと反対が同数だった。

7 最後《さい》の走者にバトンがわたった。

8 よごれた服をせんたくする。

9 遠くに豆つぶほどの島が見えた。

21 遊園地は多くの人でにぎわっていた。

22 指にささったとげをぬく。

23 店の前に開店をいわう花がならぶ。

24 うでずもうをして弟に負けた。

25 川の岸べで、べんとうを食べた。

26 深い海にすむ魚について調べる。

27 通学路のとちゅうに橋がある。

28 タンクローリーで石油が運ばれる。

29 他校の人たちとスポーツで交流する。

10 西の空を赤くそめて 太陽 がしずむ。

11 つゆの 時期 は、むし暑い日が多い。

12 息 をふきこんで風船をふくらます。

13 三けたの数のひき算を 筆算 でする。

14 テストが終わって気が 軽 くなった。

15 ぼくは 虫歯 が一本もない。

16 森の中に小さなお 宮 があった。

17 黒板 に書かれた文を書き写す。

18 サッカー教室の 申 しこみをする。

19 チーターはライオンより 速 く走る。

20 ひこうきが 空港 におりてきた。

30 この地区には古い 旅館 が多い。

(二) つぎの**漢字**の**太いところ**は、**何番め**に書きますか。〇の中に**数字**を書きなさい。

(10) 1×10

1 宿 〇

2 都 〇

3 詩 〇

4 業 〇

5 根 〇

6 列 〇

7 庫 〇

8 意 〇

9 箱 〇

10 練 〇

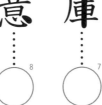

(三) （　）の中に**漢字**を書いて、上と**はんたいのいみのことば**にしなさい。 (10) 2×5

きけん ― 1（　　）《あん》全

止める ― 2（　　）《うご》かす

全体 ― 3（　　）《ぶ》分

ぬぐ ― 4（　　）《き》る

かた方 ― 5（　　）《りょう》方

(五) つぎの（　）の中に**漢字**を書きなさい。 (20) 2×10

校庭でさか上がりの練1（　　）《しゅう》をした。

遠足の日の2（　　）《しゅう》合時間をたしかめる。

ひまわりの花を写3（　　）《しん》にとった。

足なみをそろえて行4（　　）《しん》する。

姉が図書委5（　　）《いん》になるのは二回目だ。

病6（　　）《いん》で血えきけんさを受ける。

えい画を見て感7（　　）《そう》文を書く。

こまったときは母に8（　　）《そう》談する。

自由研9（　　）《きゅう》のテーマを考える。

父と野10（　　）《きゅう》の試《し》合を見に行った。

(四) **おなじなかまの漢字**を□の中に書きなさい。 (20) 2×10

きへん(木)…1□《しょく》物園・電2□《ちゅう》

かばね しかばね(尸)…鳥小3□《や》・薬4□《きょく》

こころ(心)…5□《かな》しい・6□《わる》者

はつがしら(癶)…木7□《のぼ》り・8□《はつ》売

にんべん(亻)…9□《じゅう》所・10□《だい》表

(六) つぎの──線の**カタカナ**を○の中の**漢字**と**おくりがな(ひらがな)**で□の中に書きなさい。 (10) 2×5

〈れい〉 (大) **オオキイ**花がさく。 [大きい]

1 (流) ラジオから音楽が**ナガレル**。 1□

2 (美) カナリアが**ウツクシイ**声で鳴く。 2□

3 (化) きつねが人を**バカス**話を聞いた。 3□

4 (拾) ゆかに落ちた消しゴムを**ヒロウ**。 4□

5 (整) たんすの引き出しの中を**トトノエル**。 5□

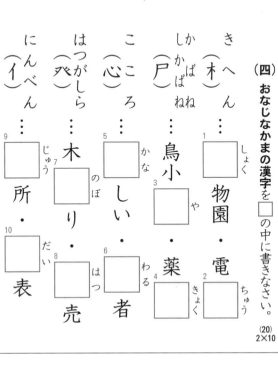

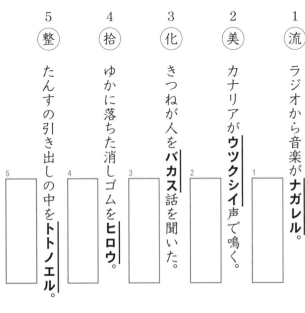

(七) つぎの——線の**漢字**の**読みがな**を——線の**右**に書きなさい。

(10) 1×10

1 気温が上がって三十度をこえた。
電子レンジでごはんを 2 温める。

風車がくるくると 3 回転する。
坂道で 4 転びそうになった。

給《きゅう》食の時間に 5 放送で昔話を聞いた。
広いまき場に羊を 6 放している。

紙しばいを作るのに 7 苦心した。
マラソンの後半はとても 8 苦しかった。

---

3 5□《みどり》の山々にかこまれた 6□《みずうみ》のほとりをさん歩する。

4 学げい会のげきで、王 7□《さま》の 8□《やく》をした。

5 ジュースに 9□《こおり》を入れて 10□《の》むとつめたくておいしかった。

6 母にもらったお 11□《まも》りをいつも 12□《も》っている。

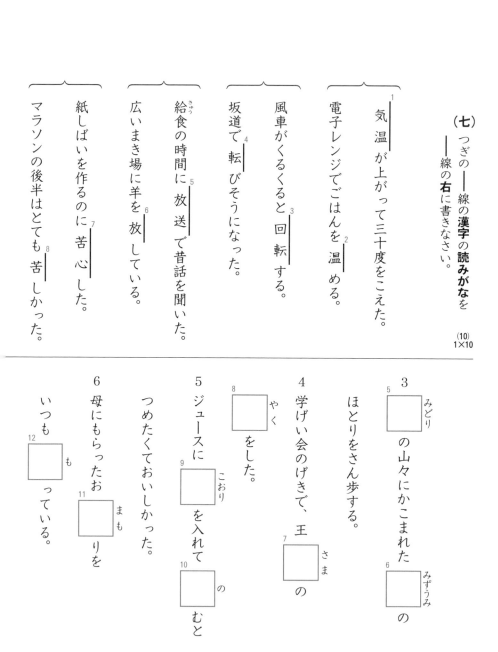

読書の計画を9実行することができた。

ミニトマトの10実が赤く色づいた。

（八） つぎの□の中に**漢字**を書きなさい。

(40)
2×20

1 大きなこいが池の水1□《めん》近くを
ゆっくり2□《およ》いでいた。

2 3□《しょう》店がいにある店で赤と白の
絵の4□《ぐ》を買った。

7 先生がテストの問13□《だい》用紙を
みんなに14□《くば》った。

8 夏休みは新かん線に15□《の》って
九16□《しゅう》に行く。

9 神社にまいって、家17□《ぞく》みんなの
幸18□《ふく》をいのった。

10 空き地にマンションをたてる
工19□《じ》が20□《はじ》まった。

▼解答《かいとう》(こたえ)は別冊《べっさつ》10～13ページ

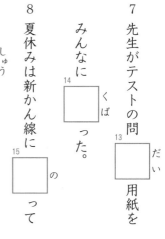

（一） つぎの――線の**漢字**の**読みがな**を――線の**右**に書きなさい。 (30) 1×30

1 高原に美しい花がさいていた。
2 コンパスの使い方を学習した。
3 図書のかし出し期間は一週間だ。
4 すいかを切って皿にのせる。
5 遠足の日はいつもより早く登校した。
6 新しい店の前に行列ができた。
7 電車はもうすぐ終点に着く。
8 水平線から朝日がのぼってくる。
9 駅の売店で飲み物を買う。

21 暑いので木かげに入って休んだ。
22 神社で祭りのたいこが鳴っている。
23 ピッチャーが速いボールを投げた。
24 バスは午前八時に駅前を出発した。
25 社会科見学で農家の人に話を聞く。
26 プールで五十メートル泳げた。
27 でこぼこの地面を平らにする。
28 詩を読んで心を強く打たれた。
29 父がくれたみやげのつつみを開く。

10 船のもけいを仕上げた。

11 通学路のとちゅうに交番がある。

12 朝早く起きてラジオ体そうをする。

13 おどろいて息が止まりそうになった。

14 部屋の電気を消してベッドに入る。

15 かべ新聞の記事について相談する。

16 チューリップの球根をほり出す。

17 係の人が工場を案《あん》内してくれた。

18 大通りの両がわに商店がならぶ。

19 ぞうが鼻で上手にりんごをつかむ。

20 見学したことを文章にまとめた。

---

30 県道が町の中を南北に走っている。

(二) つぎの**漢字**の**太いところ**は、**何番め**に書きますか。〇の中に**数字**を書きなさい。 (10) 1×10

1 表 〇

2 寒 〇

3 歯 〇

4 鉄 〇

5 業 〇

6 軽 〇

7 泳 〇

8 身 〇

9 終 〇

10 福 〇

4

(三)　（　）の中に**漢字**を書いて、上と**はんたいのいみのことば**にしなさい。 (10) 2×5

楽しい ― 1（　）《くる》しい

さんせい ― 反2（　）《たい》

集める ― 3（　）《くば》る

生まれる ― 4（　）《し》ぬ

長い ― 5（　）《みじか》い

(五)　つぎの（　）の中に**漢字**を書きなさい。 (20) 2×10

町の図書1（　）《かん》で絵本を三さつかりた。

美しい星空を見て2（　）《かん》動した。

夕食までに算数の宿3（　）《だい》を終えた。

店の人に品物の4（　）《だい》金をはらう。

部屋のかべに世5（　）《かい》地図をはった。

二6（　）《かい》のまどから中庭を見下ろす。

国語じてんで言葉の7（　）《い》味を調べる。

かぜをひいて8（　）《い》者にみてもらった。

手9（　）《ちょう》に来週の予定を書きこむ。

今日のおかずに豆ふを一10（　）《ちょう》買った。

（四）**おなじなかまの漢字**を□の中に書きなさい。 (20) 2×10

くさかんむり（艹）…飲み 1□《ぐすり》・2□《に》物

ぎょうにんべん（彳）…3□《ま》つ・4□《やく》目

しんにょう しんにゅう（辶）…5□《うん》動会・6□《すす》む

こころ（心）…大7□《いそ》ぎ・8□《わる》い

きへん（木）…9□《よこ》顔・10□《はしら》時計

（六）つぎの――線の**カタカナ**を○の中の**漢字**と**おくりがな（ひらがな）**で□の中に書きなさい。 (10) 2×5

〈れい〉㊅大 **オオキイ**花がさく。 ［大きい］

1 (始) 近所で水道の工事が**ハジマル**。 1□

2 (注) 庭の植木にじょうろで水を**ソソグ**。 2□

3 (転) やわらかい草の上で**コロガル**。 3□

4 (温) **アタタカイ**ごはんでおにぎりを作る。 4□

5 (化) きつねが子どもに**バケル**話を聞いた。 5□

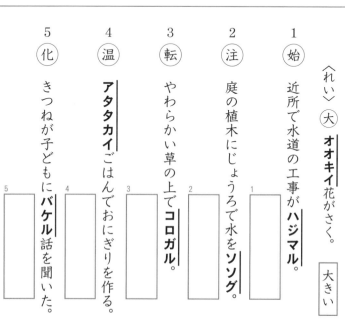

（七）つぎの――線の**漢字**の**読みがな**を――線の**右**に書きなさい。

(10) 1×10

1 校内放送で音楽が流れる。

2 夏の間、高原で牛を放しがいにする。

3 友だちからの手紙に返事を書く。

4 向こうの山からこだまが返ってきた。

5 昔は明かりに石油ランプを用いた。

6 キャベツと肉を油でいためる。

7 行きも帰りも歩道橋をわたった。

8 古い橋が新しくかけかえられた。

---

3 □[5]《つぎ》の試《し》合に勝てば県大会への出場が□[6]《き》まる。

4 夏休みに家族で九□[7]《しゅう》を□[8]《りょ》行する。

5 ゆかに□[9]《お》ちた赤えん筆を友だちが□[10]《ひろ》ってくれた。

6 太□[11]《よう》の光を□[12]《う》けて海面がきらきらとかがやく。

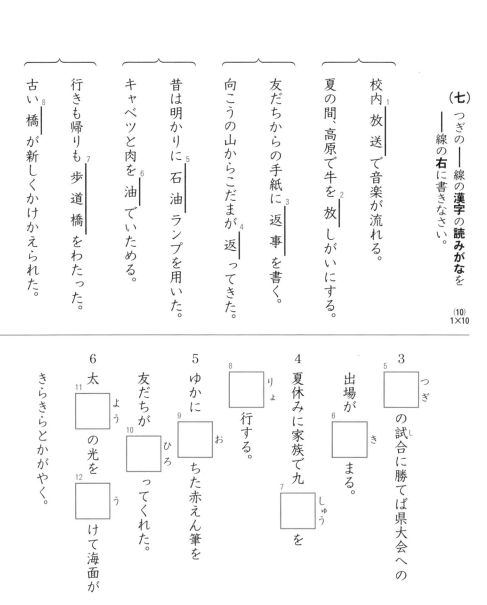

来週の漢字テストで 9 実力 をためす。
農園のさくらんぼがたわわに 10 実 る。

(八) つぎの□の中に**漢字**を書きなさい。 (40) 2×20

1 体 1 □《いく》 の時間にクラス全 2 □《いん》 でドッジボールをした。

2 3 □《みずうみ》 の岸に立って、遠くにうかぶ 4 □《しま》 をながめた。

7 おじは 13 □《きょ》 年から、駅前にある 14 □《ぎん》 行につとめている。

8 紙のはしで 15 □《ゆび》 の先を切って少し 16 □《ち》 が出た。

9 17 □《べん》 強づくえの引き出しの中を 18 □《せい》 理する。

10 ひなの 19 □《いのち》 を 20 □《まも》 るために親鳥はてきとたたかう。

▼解答《かいとう》(こたえ)は別冊《べっさつ》14～17ページ

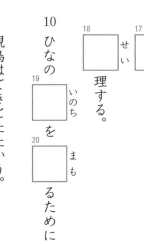

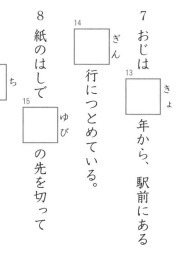

しけんもんだい 5 （8級）

（一） つぎの――線の**漢字**の**読みがな**を――線の**右**に書きなさい。 (30) 1×30

1 神社の祭りで、みこしをかついだ。

2 通学路のとちゅうに交番がある。

3 すず虫の鳴く様子をかんさつする。

4 都会に高いビルが立ちならぶ。

5 麦茶に氷を入れて飲んだ。

6 湖に白いボートがうかんでいる。

7 一秒でも速く走れるように練習する。

8 貝の化石が山のがけで見つかった。

9 寺の庭のあじさいがさき始めた。

---

21 たくさんの荷物をトラックにつむ。

22 虫歯がいたくてねむれなかった。

23 小数のひき算を筆算でする。

24 かっていた金魚が死んでしまった。

25 海をうめ立てて空港をつくった。

26 体そうの世界大会に出場する。

27 三だんのとび箱がとべた。

28 弟はいつもぼうしを深くかぶる。

29 白い波が岸に打ちよせる。

10 指をおりながら数を数える。

11 さんせいより反対の方が多かった。

12 本のかし出し期間をたしかめる。

13 白地図に田や畑の記号を書きこむ。

14 長い文章を最《さい》後まで読んだ。

15 父は仕事でアメリカに行った。

16 豆電球を使っておもちゃを作る。

17 外国のあいさつの言葉をおぼえる。

18 パンダの赤ちゃんが公開された。

19 母とのやくそくをしっかり守った。

20 のこぎりで板をまっすぐに切る。

30 鉄道を通すためにトンネルをほる。

(二) つぎの**漢字**の**太いところ**は、**何番め**に書きますか。〇の中に**数字**を書きなさい。 (10) 1×10

軽 1 〇	所 2 〇	銀 3 〇	族 4 〇	波 5 〇
苦 6 〇	農 7 〇	客 8 〇	第 9 〇	投 10 〇

5

（三）（　）の中に**漢字**を書いて、上と**はんたいのいみのことば**にしなさい。 (10) 2×5

部分――1（　）《ぜん》体

自分――2（　）《た》人

長文――3（　）《たん》文

寒い――4（　）《あつ》い

うれしい――5（　）《かな》しい

（五）つぎの（　）の中に**漢字**を書きなさい。 (20) 2×10

昔の1（　）《しゃ》真を見せてもらった。
同じ作2（　）《しゃ》の本を二さつ読んだ。

かべ新聞の名前について3（　）《そう》談する。
学校の放4（　）《そう》室は二階にある。

来月の予定を手5（　）《ちょう》に書き入れる。
今日はおなかの6（　）《ちょう》子がよくない。

夏休みに友だちと星の研7（　）《きゅう》をした。
父は8（　）《きゅう》な用事で出かけた。

船がぶじに港に着いて9（　）《あん》心した。
教科書にのっている詩を10（　）《あん》記する。

（四） **おなじなかまの漢字を**□の中に書きなさい。 (20) 2×10

こざとへん（阝）…太 1□《よう》・病 2□《いん》

かばね しかばね（尸）…薬 3□《きょく》・4□《おく》上

はつがしら（癶）…5□《と》山家・6□《はつ》明

しんにょう しんにゅう（辶）…行 7□《しん》曲・8□《うん》転

さんずい（氵）…石 9□《ゆ》・10□《ちゅう》意

（六） つぎの——線の**カタカナ**を○の中の**漢字**と**おくりがな（ひらがな）**で□の中に書きなさい。 (10) 2×5

〈れい〉 ㊇大 **オオキイ**花がさく。 ［大きい］

1 ㊇流 谷川の水がいきおいよく**ナガレル**。 1□

2 ㊇味 温かいお茶と和がしを**アジワウ**。 2□

3 ㊇決 リレーで走る順《じゅん》番をキメル。 3□

4 ㊇美 海べで**ウツクシイ**貝がらを見つけた。 4□

5 ㊇植 花だんに**ウエル**球根を買う。 5□

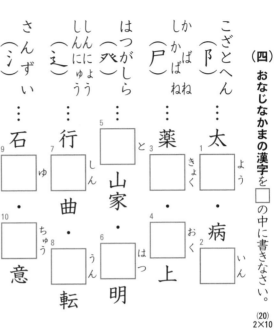

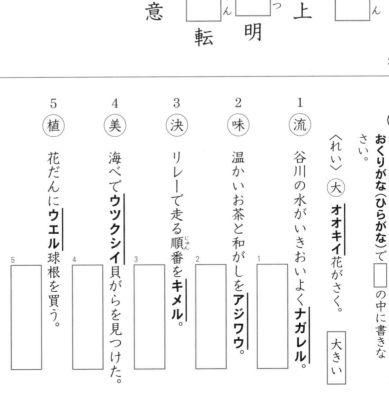

3 物語の 5 □《しゅ》人公のやさしい気 6 □《も》ちに心を打たれた。

4 ケーキに立てたろうそくに 7 □《いき》をふきかけて火を 8 □《け》す。

5 青と黄色の絵の 9 □《ぐ》をまぜると 10 □《みどり》色になる。

6 林の中を歩いて、地 11 □《めん》に落ちた木の 12 □《み》を拾った。

（七）つぎの——線の**漢字**の**読みがな**を——線の**右**に書きなさい。

(10) 1×10

- 一本の矢がまとの真ん中に 1 命中した。
- 親鳥は 2 命がけでひなを助けた。

- 遠足の日の天気が 3 心配だ。
- みんなにケーキを一つずつ 4 配った。

- 教室のつくえの中を 5 整理した。
- 列を 6 整えて、ろう下にならぶ。

- 車がカーブで 7 速度を落とす。
- 兄はクラスでいちばん足が 8 速い。

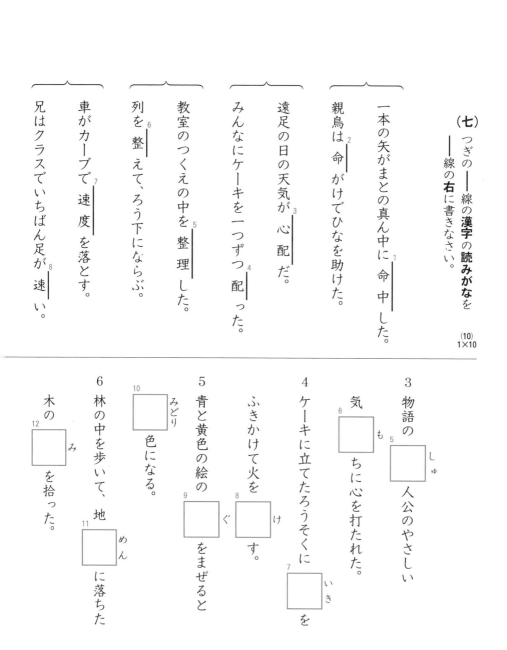

船が9汽笛を鳴らして出港する。

学校の帰りに友だちと10口笛をふく。

(八) つぎの□の中に漢字を書きなさい。 (40) 2×20

1 おやつを食べてから計算ドリルの1□《しゅく》2□《だい》をした。

2 目ざまし時計のはりを3□《うご》かして4□《お》きる時こくに合わせる。

7 13□《つぎ》の試《し》合に14□《か》つためにチームのみんなで話し合う。

8 同じ大きさの15□《さら》を16□《かさ》ねて戸だなにしまう。

9 雨がふってきたので、17□《えき》からタクシーに18□《の》って帰った。

10 もうどう犬としての19□《やく》目を20□《お》えた犬の世話をする。

▼解答《かいとう》(こたえ)は別冊《べっさつ》18～21ページ

しけんもんだい 6 （8級）

（一）つぎの――線の**漢字**の**読みがな**を――線の**右**に書きなさい。

(30) 1×30

1 びわの木にたくさんの実がなる。

2 夏休みに研究したことを発表する。

3 朝早く起きてラジオ体そうをする。

4 昼休みにグラウンドで遊んだ。

5 さんせいと反対が同数だった。

6 ポットの湯をコーヒーカップに注ぐ。

7 土曜日に地区の音楽会が行われた。

8 麦茶に氷を入れて飲んだ。

9 雨の日の路面はすべりやすい。

21 おみやげをもらって、お礼を言う。

22 みつばちが農家の花畑をとび回る。

23 板の間のゆかをぞうきんでふく。

24 寺で時代げきのさつえいがある。

25 大売り出しの期間は三日だった。

26 テストの点数が予想よりよかった。

27 ピアノ教室の申しこみに行く。

28 先生に自分の気持ちを話す。

29 木をもやすと炭ができる。

10 サッカーの試《し》合でゴールを守る。

11 文の主語とじゅつ語をさがす。

12 たまごの黄身と白身をよくまぜる。

13 少しの間、横になって休んだ。

14 海の神をまつる神社があった。

15 すきな教科は音楽と体育だ。

16 王女はいつまでも幸せにくらした。

17 新しい店の前に客の行列ができた。

18 りんごを皮ごと食べる。

19 漢字を正しく書く練習をする。

20 車庫からゆっくり車が出てきた。

30 公園の池に石の橋がかかっていた。

(二) つぎの**漢字**の**太いところ**は、**何番め**に書きますか。◯の中に**数字**を書きなさい。 (10) 1×10

1 旅 ◯

2 勝 ◯

3 島 ◯

4 荷 ◯

5 悪 ◯

6 軽 ◯

7 乗 ◯

8 病 ◯

9 住 ◯

10 定 ◯

6

(三) （　）の中に**漢字**を書いて、上と**はんたいのいみのことば**にしなさい。 (10) 2×5

自分——1（　）《あい》手

始まる——2（　）《お》わる

投げる——3（　）《う》ける

止まる——4（　）《うご》く

明るい——5（　）《くら》い

(五) つぎの（　）の中に**漢字**を書きなさい。 (20) 2×10

高原でコスモスの写1（　）《しん》をとった。
たて一列になって行2（　）《しん》する。

金曜日に図書3（　）《い》員会がある。
耳がいたいので4（　）《い》者にみてもらう。

太5（　）《よう》の光がまぶしくて目を細める。
旅行に着ていく6（　）《よう》服をえらぶ。

お楽しみ会で歌う7（　）《きょく》を決める。
薬8（　）《きょく》でマスクを買った。

火事のげん場へ9（　）《しょう》ぼう車が急ぐ。
駅の近くに大きな10（　）《しょう》店がいがある。

(四) **おなじなかまの漢字**を□の中に書きなさい。

(20) 2×10

て(扌)へん…親 1□《ゆび》・2□《ひろ》う

さんずい(氵)…3□《あぶら》絵・平4□《およ》ぎ

たけかんむり(⺮)…本5□《ばこ》・6□《ふで》立て

ちから(力)…7□《べん》強・8□《たす》かる

おおがい(頁)…9□《だい》名・横10□《がお》

(六) つぎの──線の**カタカナ**を○の中の**漢字**と**おくりがな(ひらがな)**で□の中に書きなさい。

(10) 2×5

〈れい〉 (大) **オオキイ**花がさく。 大きい

1 (味) 新米で作ったおにぎりを**アジワウ**。 1□

2 (開) まどを**アケル**と風が入ってきた。 2□

3 (返) かりていた本を図書室に**カエス**。 3□

4 (等) 二本のリボンの長さは**ヒトシイ**。 4□

5 (転) パンダが体を丸めて**コロガル**。 5□

6

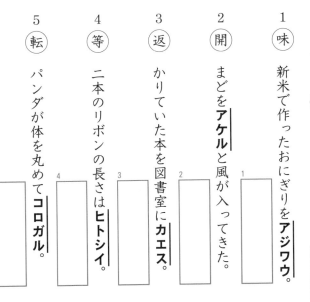

(七) つぎの――線の**漢字**の**読みがな**を――線の**右**に書きなさい。

(10) 1×10

帰国する父を 1 空港 で出むかえる。

たくさんの魚をつんだ船が 2 港 に着く。

信《しん》号の手前で車は 3 速度 を落とした。

もっと 4 速 く走れるようになりたい。

えい画のこわい場面で 5 悲鳴 をあげた。

友だちとけんかをして 6 悲 しい。

7 根気 のいる細かい作業に取り組む。

たんぽぽは地中に深く 8 根 をのばす。

---

3 校［5 てい］の花だんにサルビアの花を［6 う］えた。

4 水族［7 かん］でペンギンに人気が［8 あつ］まる。

5 自分の考えを［9 せい］理して文［10 しょう］にまとめる。

6 山［11 のぼ］りをしているとき、鳥の［12 うつく］しい鳴き声が聞こえた。

ひざをすりむいて少し^{9}出血した。

きず口に当てたガーゼに^{10}血がにじむ。

(八) つぎの□の中に漢字を書きなさい。

(40) 2×20

1 ¹□《むかし》の人が使っていた道²□《ぐ》について調べた。

2 地³□《きゅう》の海水の⁴□《おん》度が上がってきているそうだ。

7 木の¹³□《は》が一まい、小川をゆっくり¹⁴□《なが》れていく。

8 坂道を¹⁵□《ぜん》力でかけ上がって¹⁶□《いき》が切れた。

9 学校の¹⁷□《おく》上から、東の方角に市¹⁸□《やく》所が見える。

10 ¹⁹□《まつ》りの日は、道の²⁰□《りょう》がわにたくさんの店がならぶ。

▼解答《かいとう》(こたえ)は別冊《べっさつ》22～25ページ

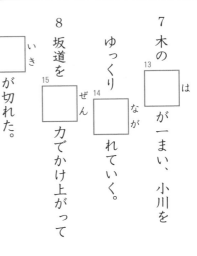

しけんもんだい 7 （8級）

（一）つぎの——線の**漢字**の**読みがな**を——線の**右**に書きなさい。

(30) 1×30

1 野原一面にコスモスがさく。
2 国語の時間に主語とじゅつ語を学ぶ。
3 学芸《げい》会のげきのせりふを暗記する。
4 花火が空高く打ち上げられた。
5 黒板にはられた絵地図に注目する。
6 文章に書いて考えをまとめた。
7 キャンプの申しこみをする。
8 星のかんさつを根気よくつづける。
9 投げたボールを犬が拾ってきた。

21 ぞうが鼻でバナナを口に運ぶ。
22 ボートが波で左右にゆれる。
23 子羊がかわいい声で鳴いた。
24 町のほぼ中央に大きな公園がある。
25 今年も白鳥が湖にやって来た。
26 商店がいで大売り出しをしている。
27 弟はおこって横を向いた。
28 空が急に暗くなって雨がふりだした。
29 金や銀の色紙でつるをおる。

10 たまごの黄身と白身を分ける。

11 工事のため通学路が一部かわった。

12 学校の農園でさつまいもを作る。

13 始業式で元気よく校歌を歌った。

14 もう少し歩けば駅に着く。

15 秋祭りのおはやしが聞こえてきた。

16 作者の気持ちがよく表れた詩だ。

17 こわい話を聞いて寒けがした。

18 かみの毛をくしで整える。

19 ひこうきが空港をとび立った。

20 となり町に住むおじをたずねる。

30 外国から多くの石油を買い入れる。

(二) つぎの**漢字**の**太いところ**は、**何番め**に書きますか。◯の中に**数字**を書きなさい。 (10) 1×10

1 宮……◯

2 対……◯

3 童……◯

4 第……◯

5 幸……◯

6 流……◯

7 運……◯

8 様……◯

9 歯……◯

10 帳……◯

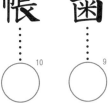

（三）（　）の中に**漢字**を書いて、上と**はんたいのいみのことば**にしなさい。 (10) 2×5

心配 ── 1（　）《あん》心

勝つ ── 2（　）《ま》ける

来年 ── 3（　）《きょ》年

ちらばる ── 4（　）《あつ》まる

かりる ── 5（　）《かえ》す

（五） つぎの（　）の中に**漢字**を書きなさい。 (20) 2×10

ゆうびん1（　）《きょく》ではがきを買う。
長い間、作2（　）《きょく》家として活やくした。

物語を読んで感3（　）《そう》文を書く。
お楽しみ会の4（　）《そう》談がまとまる。

遠足の写5（　）《しん》をアルバムにはる。
音楽に合わせて選《せん》手が行6（　）《しん》する。

ひざをすりむいて出7（　）《けつ》した。
大工になろうと8（　）《けつ》意する。

うなぎの一生について9（　）《けん》究する。
兄は10（　）《けん》立の高校に通っている。

7

（四） **おなじなかまの漢字**を□の中に書きなさい。 (20) 2×10

はつがしら（癶）…… 1□《はっ》見・2□《と》山

くるまへん（車）…… 3□《かる》い・4□《てん》車

まだれ（广）…… 中5□《にわ》・金6□《こ》

こころ（心）…… 7□《あく》人・ため8□《いき》

こざとへん（阝）…… 病9□《いん》・二10□《かい》

（六） つぎの――線の**カタカナ**を○の中の**漢字**と**おくりがな**（**ひらがな**）で□の中に書きなさい。 (10) 2×5

〈れい〉 (大) **オオキイ**花がさく。 ［大きい］

1 (味) おばあさんの作った料理《りょう》を**アジワウ**。 1□

2 (重) 同じ大きさの皿を三まい**カサネル**。 2□

3 (美) 池に羽の**ウツクシイ**鳥がいた。 3□

4 (放) 広い草原に羊を**ハナス**。 4□

5 (助) 人の命を**タスケル**仕事がしたい。 5□

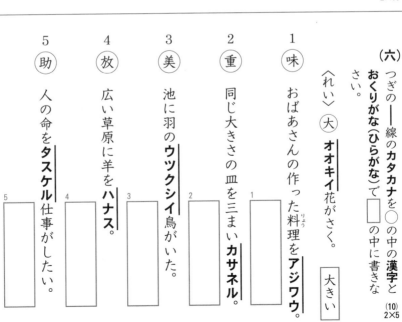

3 外国の 5□《ゆう》名なチームが
サッカー教室を 6□《ひら》く。

4 友だちは走るのが 7□《はや》くて
8□《お》いつけなかった。

5 いちょうの黄色い 9□《は》が
ひらひらと 10□《お》ちる。

6 昼休みにクラス 11□《ぜん》12□《いん》で
ドッジボールをした。

（七） つぎの——線の**漢字**の**読みがな**を——線の**右**に書きなさい。 (10) 1×10

目ざまし時計の 1調子 がよくない。
商店がいにどんな店があるか 2調べる。

冬休みに海外 3旅行 をする予定だ。
4旅先 で名物のだんごを食べた。

父と川の 5上流 で魚つりをした。
長ぐつについた土をあらい 6流す。

図かんでマンモスの 7化石 を見た。
きもだめしでお 8化けの役をする。

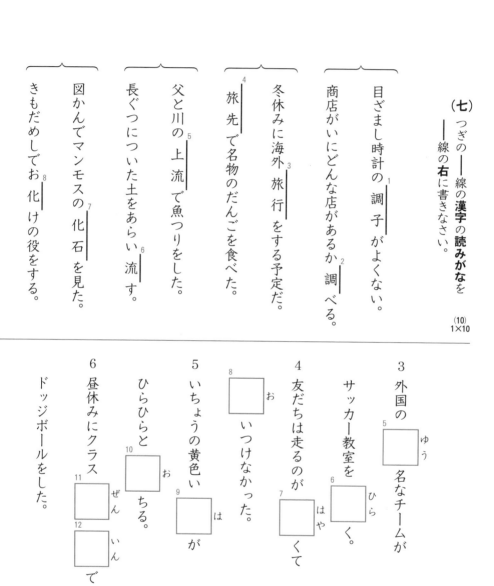

一羽のはとが⁹電柱の上にとまった。
寺の太い¹⁰柱のかげにねこがいた。

(八) つぎの□の中に**漢字**を書きなさい。 (40) 2×20

1 1□《むかし》話を読んで思ったことをノートに2□《みじか》くまとめる。

2 弟といっしょに近3□《じょ》の公園へ4□《あそ》びに行く。

7 夕食の前に算数の13□《しゅく》14□《だい》をすませた。

8 花だんに15□《う》えたホウセンカがたくさんの16□《み》をつけた。

9 来年、新しい体17□《いく》18□《かん》ができるそうだ。

10 19□《い》者から20□《くすり》の飲み方について説《せつ》明を受ける。

▼解答《かいとう》(こたえ)は別冊《べっさつ》26～29ページ

しけんもんだい 8 （8級）

（一） つぎの——線の**漢字**の**読みがな**を——線の**右**に書きなさい。 (30) 1×30

1 友だちといっしょに登校する。
2 通学路のとちゅうに交番がある。
3 自分の書いた文章を読み返す。
4 図工のてんらん会に作品を出す。
5 給《きゅう》食当番が牛にゅうやパンを配る。
6 教科書にのっている詩を暗記した。
7 物語の内ようを短くまとめる。
8 学級文庫に新しい童話の本が入る。
9 ゴール前で追いこして一位《い》になる。

21 外国のゆうびん切手を集める。
22 都合が悪くなって旅行を中止した。
23 駅前の通りに商店が立ちならぶ。
24 放った矢が、まとに命中した。
25 谷川を流れる水の音が聞こえる。
26 列車がトンネルを通りすぎた。
27 広い農園でりんごをさいばいする。
28 雨上がりの空に美しいにじがかかる。
29 川の岸べから小鳥がとび立つ。

10 花だんにパンジーのなえを植える。

11 病気で三日間、学校を休んだ。

12 五十メートル走で実力が出せた。

13 プールのたてと横の長さをはかる。

14 次の試《し》合は一週間後に行われる。

15 風船に力いっぱい息をふきこむ。

16 町の図書館で星の図かんを見る。

17 夕食のスープをお代わりした。

18 ふろ上がりに、つめたい水を飲む。

19 かんらん車がゆっくり回転する。

20 やっと、山のちょう上に着いた。

30 白いすなはまに波が打ちよせる。

(二) つぎの**漢字**の**太いところ**は、**何番め**に書きますか。◯の中に**数字**を書きなさい。 (10) 1×10

1 所	2 筆	3 宿	4 帳	5 氷
6 面	7 幸	8 他	9 湯	10 駅

（三）（　）の中に**漢字**を書いて、上と**はんたいのいみのことば**にしなさい。　(10) 2×5

うれしい ―― 1（　）《かな》しい

全体 ―― 2（　）《ぶ》分

拾う ―― 3（　）《お》とす

生まれる ―― 4（　）《し》ぬ

終わる ―― 5（　）《はじ》まる

（五）つぎの（　）の中に**漢字**を書きなさい。　(20) 2×10

ラグビーの世1（　）《かい》大会が開かれた。

校しゃの二2（　）《かい》に音楽室がある。

おじは大学で薬の3（　）《けん》究をしている。

駅の近くで国道と4（　）《けん》道が交わる。

ほけん室で身長と体5（　）《じゅう》をはかる。

引っこしをして6（　）《じゅう》所がかわった。

せきが出るので医7（　）《しゃ》にみてもらう。

遠足の8（　）《しゃ》真をアルバムにはる。

お楽しみ会の9（　）《そう》談がまとまる。

えい画を見て感10（　）《そう》を話し合った。

(四) **おなじなかまの漢字**を□の中に書きなさい。 (20) 2×10

しんにょう しんにゅう（⻌）… 時 1□《そく》・2□《ゆう》園地

さんずい（氵）… 3□《ちゅう》目・体 4□《おん》計

たけかんむり（⺮）… 草 5□《ぶえ》・6□《ひと》しい

しめすへん（ネ）… 7□《じん》社・8□《ふく》引き

しかばね かばね（尸）… 薬 9□《きょく》・山小 10□《や》

8

(六) つぎの――線の**カタカナ**を○の中の**漢字**と**おくりがな（ひらがな）**で□の中に書きなさい。 (10) 2×5

〈れい〉 ㊅大 **オオキイ**花がさく。 大きい

1 決 学級の生活目標《ひょう》を**キメル**。 1□

2 化 たぬきが人間を**バカス**話を読む。 2□

3 苦 **クルシイ**立場に立たされる。 3□

4 進 台風の**ススム**方向がかわる。 4□

5 助 海でそうなんした人を**タスケル**。 5□

（七）つぎの――線の**漢字**の**読みがな**を――線の**右**に書きなさい。

(10) 1×10

つくえの引き出しの中を[1]整理する。

ヘアブラシでかみの毛を[2]整える。

兄と同じ[3]水泳教室に通う。

[4]平泳ぎが上手にできるようになった。

弟がくつの右と左を[5]反対にはく。

体をゆっくり後ろに[6]反らす。

グループの代表に[7]指名される。

ばらのとげが[8]指先にささった。

---

3 工場見学の後、案内《あん》してくれた [5]□《かかり》 の人に、お [6]□《れい》 を言った。

4 国語辞典《じてん》を使って、むずかしい言葉の [7]□《い》 [8]□《み》 を調べる。

5 昼休みに校庭の [9]□《てつ》 ぼうでさか上がりの [10]□《れん》 習をした。

6 車内の放 [11]□《そう》 を聞いて、電車のおくれている理 [12]□《ゆう》 を知った。

東京行きの新かん線に 9 乗車 する。

生まれてはじめて馬に 10 乗 った。

(八) つぎの□の中に漢字を書きなさい。 (40) 2×20

1 秋の 1 □《うん》 2 □《どう》 会では、三年生と四年生が合同でダンスをする。

2 物語を読んで、 3 □《しゅ》 人公の気 4 □《も》 ちを考える。

7 先生が明日の学習の 13 □《よ》 定を黒 14 □《ばん》 に書いた。

8 太 15 □《よう》 の光をあびて 16 □《はたけ》 の作物が大きく育つ。

9 妹はランドセルに、交通 17 □《あん》 全のお 18 □《まも》 りをつけている。

10 フェリーは 19 □《みなと》 を出発して遠くはなれた 20 □《しま》 に向かった。

▼解答《かいとう》(こたえ)は別冊《べっさつ》30～33ページ

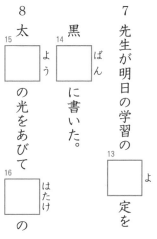

しけんもんだい 9 （8級）

（一） つぎの――線の**漢字**の**読みがな**を――線の**右**に書きなさい。 (30) 1×30

1 庭の木の赤い実を小鳥がついばむ。
2 北の方向からつめたい風がふく。
3 ポットの湯をコーヒーカップに注ぐ。
4 広場の中央に時計台がある。
5 学級委員を二名えらぶ。
6 すきな詩をノートに書き写す。
7 消しゴムをわすれてこまった。
8 美しい音楽に心を動かされる。
9 電柱の上にすずめがとまっている。

21 たて笛にゆっくり息をふきこむ。
22 姉はぼくの考えに反対した。
23 パンダの赤ちゃんが公開された。
24 学芸《げい》会のげきの主役にえらばれる。
25 海岸線にそって松《まつ》林がつづく。
26 手についた油を紙でふき取る。
27 お化けの話を聞いてぞっとした。
28 そろばんの玉を指ではじく。
29 半島の先にある港町をたずねた。

10 花だんの草取りをてつだう。

11 国語も算数も両方ともすきだ。

12 兄がしょうぎの相手をしてくれた。

13 ベルを合図にひなん訓《くん》練を始める。

14 四だんのとび箱が上手にとべた。

15 予想したとおり、よい天気になった。

16 第一走者としてリレーに出場した。

17 妹が手作りのお守りをくれた。

18 波が岩に当たってくだける。

19 子犬が鼻を鳴らしてあまえる。

20 バスが銀行の角を右に曲がった。

30 農家の人にいねのかり方を教わる。

(二) つぎの**漢字**の**太いところ**は、**何番め**に書きますか。◯の中に**数字**を書きなさい。 (10) 1×10

1 炭 ◯	2 緑 ◯	3 発 ◯	4 君 ◯	5 所 ◯
6 港 ◯	7 羊 ◯	8 橋 ◯	9 医 ◯	10 畑 ◯

9

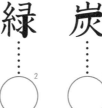

（三）

（　　）の中に**漢字**を書いて、上と**はんたいのいみのことば**にしなさい。 (10) 2×5

勝つ――1（　　）《ま》ける

あまい――2（　　）《にが》い

下校――3（　　）《とう》校

明るい――4（　　）《くら》い

よろこぶ――5（　　）《かな》しむ

（五）

つぎの（　　）の中に**漢字**を書きなさい。 (20) 2×10

五十メートルを九1（　　）《びょう》で走った。

2（　　）《びょう》気は思ったより早くなおった。

バスは少しおくれて3（　　）《しゅう》点に着いた。

4（　　）《しゅう》字に使う筆を新しく買った。

5（　　）《じ》回の委員会は月曜日にある。

家の前の通りで工6（　　）《じ》をしている。

自由研7（　　）《きゅう》で雲について調べる。

8（　　）《きゅう》行電車がホームに入ってきた。

9（　　）《ゆう》名な画家のてんらん会に行った。

10（　　）《ゆう》園地で弟とかんらん車に乗った。

（四） **おなじなかまの漢字**を□の中に書きなさい。 (20) 2×10

にんべん（亻）… 二 1 □《ばい》 ・ 時 2 □《だい》

しんにょう しんにゅう（⻌）… 3 □《うん》 動 ・ 4 □《かえ》 す

うかんむり（宀）… お 5 □《みや》 ・ 見物 6 □《きゃく》

さんずい（氵）… 7 □《けっ》 心 ・ 8 □《よう》 服

のぶん ぼくづくり（攵）… 9 □《ほう》 送 ・ 10 □《ととの》 える

（六） つぎの――線の**カタカナ**を◯の中の**漢字**と**おくりがな（ひらがな）**で□の中に書きなさい。 (10) 2×5

〈れい〉 ㊀大 **オオキイ**花がさく。 [大きい]

1 （育） 広い畑でさつまいもを**ソダテル**。 1 □

2 （転） ねこが毛糸の玉を**コロガス**。 2 □

3 （温） **アタタカイ**ごはんにたまごをかける。 3 □

4 （起） 目ざまし時計を**オキル**時間に合わす。 4 □

5 （集） りすがどんぐりを**アツメル**。 5 □

（七） つぎの——線の**漢字**の**読みがな**を——線の**右**に書きなさい。

(10) 1×10

書店のとなりに [1]薬局 ができた。

朝食の後、かぜの [2]薬 を飲んだ。

みんなの [3]期待 どおりにヒットを打った。

動物園の入り口前で開園を [4]待 つ。

一年間に [5]身長 が三センチのびた。

たまごの [6]白身 をあわ立てる。

魚が [7]湖面 から高くとびはねた。

冬になると [8]湖 に白鳥がとんでくる。

---

3 水族 [5]□《かん》 の大きな水そうでサメがゆうゆうと [6]□《およ》 いでいた。

4 水平線にしずむ太 [7]□《よう》 を写 [8]□《しん》 にとった。

5 秋が [9]□《ふか》 まり、木々の [10]□《は》 が赤や黄に色づく。

6 友だちの [11]□《お》 としたハンカチを [12]□《ひろ》 ってあげた。

そろばんの試験《しけん》を受けて 9 実力 をためす。

かきの 10 実 が赤く色づいてきた。

(八) つぎの□の中に漢字を書きなさい。

(40) 2×20

1 開会 1□《しき》 のとき、学級ごとに 二 2□《れつ》 にならんだ。

2 黒 3□《ばん》 のたてと 4□《よこ》 の長さを まきじゃくを使ってはかる。

7 13□《きょ》 年の春、14□《えき》 前の通りに 大きなスーパーができた。

8 道 15□《ろ》 をわたる前に左右の 16□《あん》 全をたしかめる。

9 算数のテストの 17□《もん》 18□《だい》 が 全部とけた。

10 19□《じん》 社の森を 20□《なが》 れる川の水は とてもきれいだった。

▼解答《かいとう》(こたえ)は別冊《べっさつ》34〜37ページ

しけんもんだい 10 （8級）

（一）つぎの——線の**漢字**の**読みがな**を——線の**右**に書きなさい。

(30) 1×30

1 雨上がりの空に美しいにじがかかる。

2 音楽の時間にみんなで笛をふいた。

3 グループごとにろう下に整列する。

4 図かんでまき貝の化石を見た。

5 調べたことを文章にまとめる。

6 石につまずいて足の指にけがをした。

7 農家の人が畑をたがやしている。

8 雲の切れ間から太陽の光がもれる。

9 そうじ道具をロッカーにしまう。

21 れいぞう庫から氷を取り出す。

22 たいこを力強く打ち鳴らす。

23 都会でたくさんの人がはたらく。

24 クロールで泳げるようになりたい。

25 リレーはきっと白組が勝つだろう。

26 すな時計のすなが少しずつ落ちる。

27 高速道路を多くの車が走る。

28 風車がいきおいよく回転する。

29 大通りの両がわに商店がならぶ。

10 学級を代表してあいさつする。

11 まきじゃくを使って長さをはかる。

12 校庭に大きないちょうの木がある。

13 今と昔のくらしをくらべてみる。

14 朝早く外に出ると息が白く見えた。

15 バスの出発が少しおくれた。

16 ランドセルにお守りをつける。

17 炭で火をおこして肉をやく。

18 りんごを皮ごと丸かじりする。

19 赤ちゃんが幸せそうにねむっている。

20 通学路のとちゅうに歩道橋がある。

30 ラジオでニュースを放送している。

(二) つぎの**漢字**の**太いところ**は、**何番め**に書きますか。◯の中に**数字**を書きなさい。 (10) 1×10

1 県 ◯

2 宿 ◯

3 漢 ◯

4 面 ◯

5 商 ◯

6 球 ◯

7 着 ◯

8 受 ◯

9 屋 ◯

10 薬 ◯

10

（三）（　）の中に**漢字**を書いて、上と**はんたいのいみのことば**にしなさい。 (10) 2×5

一部——1（　）《ぜん》部

止まる——2（　）《すす》む

たおれる——3（　）《お》きる

寒い——4（　）《あつ》い

自分——5（　）《た》人

（五） つぎの（　）の中に**漢字**を書きなさい。 (20) 2×10

妹はマット運1（　）《どう》がとくいだ。
グリム2（　）《どう》話の本を買ってもらう。

はじめて学級3（　）《い》員にえらばれた。
歯がいたくて歯4（　）《い》者にみてもらう。

きれいな花の写5（　）《しん》をかべにはった。
ほけん室で6（　）《しん》長と体重をはかった。

町の図書7（　）《かん》で絵本を三さつかりた。
詩を読んでノートに8（　）《かん》想を書く。

世9（　）《かい》地図で北きょく海をさがす。
マンションの五10（　）《かい》に住んでいる。

（四）**おなじなかまの漢字**を□の中に書きなさい。 (20) 2×10

たけかんむり（⺮）…本 1□《ばこ》・絵 2□《ふで》

いとへん（糸）…3□《しゅう》業式・4□《みどり》色

しんにょう しんにゅう（⻌）…5□《あそ》び場・6□《お》う

こころ（心）…注 7□《い》・8□《かな》しむ

さんずい（氵）…9□《よう》服・10□《なみ》音

（六）つぎの——線の**カタカナ**を○の中の**漢字**と**おくりがな**（**ひらがな**）で□の中に書きなさい。 (10) 2×5

〈れい〉㊅大 **オオキイ**花がさく。 大きい

1 (流) 夜空を**ナガレル**星を見た。 1□

2 (深) 高原は**フカイ**きりにつつまれた。 2□

3 (始) 赤組と白組のつな引きが**ハジマル**。 3□

4 (配) 遠足のしおりを**クバル**。 4□

5 (育) 母ぐまが二頭の子ぐまを**ソダテル**。 5□

（七）つぎの――線の**漢字**の**読みがな**を――線の**右**に書きなさい。

(10)
1×10

1 味方の選《せん》手にボールをパスする。

もらったあめはレモンの 2 味がした。

おばは 3 旅行会社につとめている。

4 旅先で名物のまんじゅうを食べた。

算数のむずかしい 5 問題がとけた。

先生の 6 問いに、よく考えて答える。

来週の漢字テストで 7 実力をためす。

秋になると、うら山のくりが 8 実る。

---

3 5 □《じん》社の地図記 6 □《ごう》を白地図に書きこむ。

4 交番の近くで新しい電 7 □《ちゅう》に取りかえる工 8 □《じ》をしていた。

5 9 □《みずうみ》の中 10 □《おう》にある島までボートで行く。

6 弟を 11 □《あい》手にすもうをとって 12 □《ま》けてしまった。

バスの中は多くの9乗客でこんでいた。

駅前からタクシーに10乗って帰った。

(八) つぎの□の中に**漢字**を書きなさい。 (40) 2×20

1 計算ドリルで、かけ算やわり算の1□《れん》2□《しゅう》をする。

2 3□《け》しゴムをかしてくれた友だちにお4□《れい》を言う。

7 キャンプに13□《も》っていくコップやお14□《さら》をそろえる。

8 15□《あたた》かいこう茶にミルクを入れて16□《の》む。

9 プランターにパンジーのなえを17□《う》え、日の当たる場18□《しょ》におく。

10 教室の後ろの黒19□《ばん》に一週間の20□《よ》定が書いてある。

▼解答《かいとう》(こたえ)は別冊《べっさつ》38～41ページ

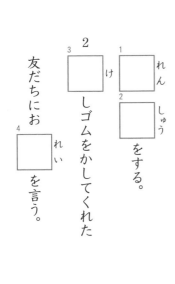

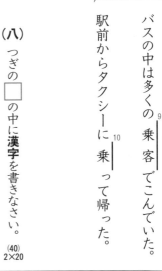

（一） つぎの――線の**漢字**の**読みがな**を――線の**右**に書きなさい。

(30) 1×30

1 公園で赤い木の実を見つけた。
2 わり算の式を立てて答えを出す。
3 クラスで話し合って係を決めた。
4 学級文庫の本を二さつかりた。
5 ねこが前足で毛糸の玉を転がす。
6 グループごとに意見をまとめた。
7 社会科の時間に農園を見学した。
8 リレーで次の走者にバトンをわたす。
9 温室に入ると暑くてあせが出た。

21 黒板に書かれた詩をノートに写す。
22 先生がテストのプリントを配る。
23 港を出る船が汽笛を鳴らした。
24 からすが電柱の上に止まった。
25 新学期に席《せき》がえがあった。
26 スポーツを通じて他校と交流する。
27 花だんの土をほり起こす。
28 父のお客さんにあいさつする。
29 五分おくれて電車が出発した。

10 アンケートの 問 いに答える。

11 友だちが 投 げたボールを受ける。

12 バスはまもなく終点に 着 く。

13 おばあさんからお 守 りをもらった。

14 畑でじゃがいもを 育 てる。

15 夜間に 線路 の工事が行われた。

16 二けたの数のかけ算を 筆算 でする。

17 やかんの 湯 がふっとうする。

18 マスクで 鼻 や口をおおう。

19 スキーに行く日を 相談 する。

20 学校の池にうすい 氷 がはった。

30 昼すぎから風の 向 きがかわった。

(二) つぎの**漢字**の**太いところ**は、**何番め**に書きますか。〇の中に**数字**を書きなさい。 (10) 1×10

1 命 …… 〇

2 悲 …… 〇

3 横 …… 〇

4 飲 …… 〇

5 酒 …… 〇

6 業 …… 〇

7 油 …… 〇

8 助 …… 〇

9 発 …… 〇

10 練 …… 〇

（三）（　　）の中に**漢字**を書いて、上と**はんたいのいみのことば**にしなさい。 (10) 2×5

一部――1（　　）《ぜん》部

さんせい――反2（　　）《たい》

むかえる――3（　　）《おく》る

負ける――4（　　）《か》つ

もやす――5（　　）《け》す

（五）つぎの（　　）の中に**漢字**を書きなさい。 (20) 2×10

漢字を正しく書く練1（　　）《しゅう》をする。

九2（　　）《しゅう》に住むおじがたずねて来た。

駅の近くに、ゆうびん3（　　）《きょく》がある。

お楽しみ会で歌う4（　　）《きょく》をえらんだ。

兄は5（　　）《たん》時間で朝食をすませた。

汽車が石6（　　）《たん》をもやして走る。

月曜日に図書委7（　　）《いん》会が開かれる。

弟はとなり町の病8（　　）《いん》で生まれた。

自由研9（　　）《きゅう》で星のかんさつをした。

野10（　　）《きゅう》の試《し》合でホームランを打った。

（四） **おなじなかまの漢字**を□の中に書きなさい。 (20) 2×10

しめすへん（ネ）… 福の 1□《かみ》・お 2□《れい》

しんにょう しんにゅう（辶）… 3□《うん》転手・4□《しん》歩

くさかんむり（艹）…かぜ 5□《ぐすり》・6□《に》物

こころ（心）… 7□《いそ》ぎ足・感 8□《そう》

にんべん（亻）… 9□《だい》表者・五 10□《ばい》

（六） つぎの――線の**カタカナ**を〇の中の**漢字**と**おくりがな（ひらがな）**で□の中に書きなさい。 (10) 2×5

〈れい〉 (大) **オオキイ**花がさく。 大きい

1 (味) あげたての天ぷらを**アジワウ**。 1□

2 (苦) 高いねつが出て、とても**クルシイ**。 2□

3 (化) きつねが子どもに**バケル**話を聞いた。 3□

4 (泳) 銀色のいわしがむれになって**オヨグ**。 4□

5 (重) 平たい皿を三まい**カサネル**。 5□

11

（七）つぎの——線の**漢字**の**読みがな**を——線の**右**に書きなさい。

（10）1×10

冬休みに北海道を 旅行（1） する。
旅（2） の思い出に絵はがきを買う。

一年生が一列になって 歩道橋（3） をわたる。
谷川に木の 橋（4） がかかっている。

上等（5） なチョコレートをもらった。
リボンを 等（6） しい長さに切る。

教科書にのっている詩を 暗記（7） する。
雨雲におおわれて空が 暗（8） くなった。

---

3 二年前に買ったえん筆けずりの
（5）□《ちょう》子が
（6）□《わる》くなってきた。

4 ろう下で
（7）□《ひろ》ったハンカチを
（8）□《お》とし主にとどけた。

5 青と黄色の絵の
（9）□《ぐ》をまぜると
（10）□《みどり》色になる。

6 山
（11）□《のぼ》りのとちゅう、遠くに
（12）□《うつく》しい湖が見えた。

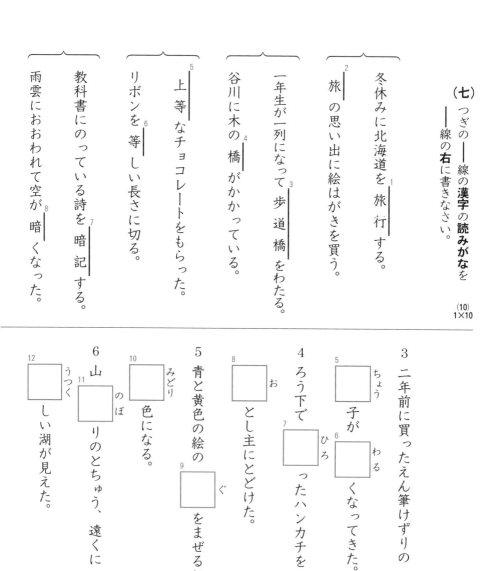

9 根気よく細かい作業をつづける。

寺の 10 屋根に、はとがとんできた。

(八) つぎの□の中に**漢字**を書きなさい。 (40) 2×20

1 1□《にわ》で作った雪だるまは、太2□《よう》の光が当たってとけてしまった。

2 算数のテストは文3□《しょう》を読んで答える問4□《だい》ばかりだった。

7 大きくなったら13□《せ》14□《かい》の国々を見て回りたい。

8 15□《いき》をふきかけて、寒さでかじかんだ16□《ゆび》を温める。

9 地17□《く》のお年よりに、18□《むかし》の遊びを教えてもらう。

10 チーターは19□《どう》物の中で走るのがいちばん20□《はや》い。

▼解答《かいとう》(こたえ)は別冊《べっさつ》42~45ページ

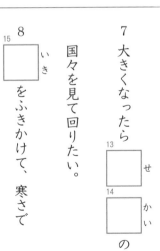

しけんもんだい 12 （8級）

（一）つぎの――線の**漢字**の**読みがな**を――線の**右**に書きなさい。

(30)
1×30

1 北国できびしい寒さがつづく。

2 つめたい風が当たって鼻が赤くなる。

3 始業式で校長先生の話を聞いた。

4 コンパスを使って円をかく。

5 ポットの湯でお茶をいれる。

6 店員が手ぎわよく商品をつつむ。

7 田中君とサイクリングに行く。

8 れいぞう庫からジュースを取り出す。

9 坂を上ったところに公園がある。

21 絵を見て感じたことを話し合う。

22 そろばんの玉を指ではじく。

23 塩《しお》を入れてスープの味をととのえる。

24 羊の毛から毛糸が作られる。

25 物語の内ようを短くまとめる。

26 あせでぬれたシャツを着かえた。

27 都会で多くの人がくらしている。

28 二羽の鳥が北の方向にとんでいく。

29 のこぎりで板をまっすぐに切る。

10 教科書の文章を声に出して読む。
11 だれもが幸福になりたいとねがう。
12 ぼくの弟は負けずぎらいだ。
13 黒い炭で雪だるまの目を作る。
14 いちごをビニールハウスで育てる。
15 お楽しみ会の日時が決定した。
16 足をふんばって全力でつなを引く。
17 バスに乗車する人の列ができる。
18 二つの島は橋でつながっている。
19 テストの点数が予想よりよかった。
20 頭がいたくて医者にみてもらった。

30 昔は明かりに石油ランプを用いた。

(二) つぎの**漢字**の**太いところ**は、**何番め**に書きますか。◯の中に**数字**を書きなさい。 (10) 1×10

1 問 ◯
2 委 ◯
3 薬 ◯
4 緑 ◯
5 勝 ◯
6 波 ◯
7 感 ◯
8 根 ◯
9 美 ◯
10 階 ◯

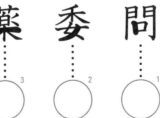

(三) （　）の中に**漢字**を書いて、上と**はんたいのいみのことば**にしなさい。 (10) 2×5

配る ―― 1（　）《あつ》める

止まる ―― 2（　）《すす》む

下校 ―― 3（　）《とう》校

たて書き ―― 4（　）《よこ》書き

生まれる ―― 5（　）《し》ぬ

(五) つぎの（　）の中に**漢字**を書きなさい。 (20) 2×10

大空を自1（　）《ゆう》にとべる羽がほしい。
2（　）《ゆう》名な昔話を紙しばいにする。

世3（　）《かい》大会で金メダルを取る。
駅前のデパートは十時に4（　）《かい》店する。

食べすぎておなかの5（　）《ちょう》子がよくない。
一6（　）《ちょう》の豆ふを四つに切った。

太7（　）《よう》が動くとかげの向きがかわる。
8（　）《よう》服をぬいでハンガーにかけた。

冬休みに九9（　）《しゅう》のおばの家に行く。
文ぼう具店で10（　）《しゅう》字の筆を買う。

(四) **おなじなかまの漢字**を□の中に書きなさい。 (20) 2×10

ちから(力)…… 1 □《べん》強・2 □《たす》ける

しんにょう しんにゅう(辶)…… 水・3 □《あそ》び・4 □《うん》転

さんずい(氵)…… 5 □《なが》れ星・6 □《ふか》い

くさかんむり(艹)…… 7 □《にが》い・8 □《お》ちる

しょくへん(食)…… 図書・9 □《かん》・10 □《の》む

(六) つぎの——線の**カタカナ**を◯の中の**漢字**と**おくりがな(ひらがな)**で□の中に書きなさい。 (10) 2×5

〈れい〉 (大) **オオキイ**花がさく。 [大きい]

1 (整) つくえの引き出しの中を**トトノエル**。 1 □

2 (注) この川はやがて海に**ソソグ**。 2 □

3 (返) かりたかさを友だちに**カエス**。 3 □

4 (化) たぬきが人間に**バケル**話を読んだ。 4 □

5 (等) 三本のひもの長さは**ヒトシイ**。 5 □

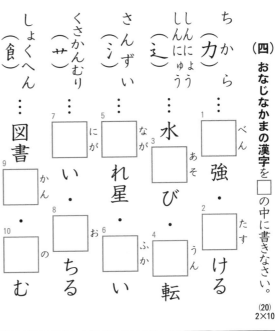

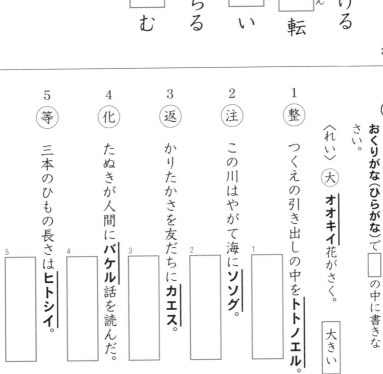

（七）つぎの——線の漢字の読みがなを——線の右に書きなさい。

(10) 1×10

げきのせりふを全部、暗記[1]した。
街灯《がいとう》が暗[2]い夜道をてらす。

ほけん室で身長と体重[3]をはかった。
ペンキを何度もぬり重[4]ねる。

地下鉄の乗車[5]けんを買う。
船に乗[6]って島めぐりをした。

県大会での活やくを期待[7]される。
列にならんでバスが来るのを待[8]った。

---

3 父は高校時[5]□《だい》に野[6]□《きゅう》部で投手として活やくした。

4 時計回りと[7]□《はん》[8]□《たい》にグラウンドを走る。

5 兄と[9]□《そう》[10]□《だん》して、両親にプレゼントをすることにした。

6 工場見学の後、お世話になった[11]□《かかり》の人にお[12]□《れい》を言った。

犬のけががなおって安心[9]した。
スーパーで牛肉の安売[10]りをしていた。

(八) つぎの□の中に**漢字**を書きなさい。 (40) 2×20

1 今朝は気[1]□《おん》がとてもひくくて、はく[2]□《いき》が白く見える。

2 交通ルールを[3]□《まも》り、車に注意して道[4]□《ろ》をわたる。

7 げんかんで母といっしょにお[13]□《きゃく》さんを見[14]□《おく》った。

8 日曜日は早[15]□《お》きをして畑[16]□《し》事をてつだった。

9 夕ごはんの前に[17]□《しゅく》[18]□《だい》をやり終えた。

10 [19]□《みずうみ》の[20]□《きし》に白いボートが近づいてきた。

▼解答《かいとう》(こたえ)は別冊《べっさつ》46～49ページ

㈠ 次の――線の**漢字の読み**を**ひらがな**で答えのらんに書きなさい。

(20)
1×20

1 はげしい雨が一日中ふり続く。

2 ラベンダーの良い香りがする。

3 まもなく新しい校舎《しゃ》が建つ。

4 水の温まり方を調べる実験をした。

5 悪天候のため遠足が来週にのびた。

6 図工の時間に版《はん》画を刷った。

7 遠くへ引っこす友達と別れをおしむ。

8 体育の時間に学校の周りを走る。

9 バスの中にかさを置きわすれた。

㈡ 次の各組の――線の**漢字の読み**を**ひらがな**で答えのらんに書きなさい。

(10)
1×10

1 目標に向かって努力する。

2 本だなの整理整とんに努める。

3 キャプテンとしての自覚を持つ。

4 かみなりの音で目が覚めた。

5 物語は意外な結末だった。

6 二つの点を直線で結ぶ。

7 ダンスの初級のクラスに通う。

8 水族館で初めてジンベエザメを見た。

9 つかれたので家でゆっくり休養する。

10 スポーツをして体力を養う。

㈣ 次の上の漢字の**太い画**のところは**筆順の何画目**か、下の漢字の総《そう》画**数は何画**か、**算用数字**（1、2、3…）で答えなさい。

(10)
1×10

〈例〉 正 [3]　字 [6]

1	2	3	4	5
府	節	典	録	郡

6	7	8	9	10
積	億	愛	案	建

㈤ 次の漢字の読みは、**音読み（ア）**ですか、**訓読み（イ）**ですか。**記号**で答えなさい。

(20)
2×10

〈例〉 力《ちから》 → [イ]

1 旗《き》

2 鏡《かがみ》

6 帯《おび》

7 巣《す》

10 シャワーの温度を調節する。
11 山の上でにぎり飯をほおばる。
12 静かな部屋で読書する。
13 日がくれて大通りに街灯がともる。
14 書店に人気作家の小説がならぶ。
15 球場は熱戦にわき返った。
16 特色ある祭りが各地で行われる。
17 新薬の副作用について説明を聞く。
18 アマガエルは体の色を変化させる。
19 材木をトラックに積んで運ぶ。
20 笑う門《かど》には福きたる

㈢ 次の——線の**カタカナ**に合う**漢字**をえらんで答えのらんに**記号**で書きなさい。 (20) 2×10

1 友人の言葉を**シン**用する。
（ア 臣　イ 真　ウ 信）
2 キログラムは重さの**タン**位だ。
（ア 短　イ 単　ウ 炭）
3 とび箱を体育**ソウ**庫にかたづける。
（ア 争　イ 倉　ウ 相）
4 スカートに白いペンキが**フ**着した。
（ア 付　イ 不　ウ 夫）
5 予想**イ**上にたくさんの人が集まった。
（ア 衣　イ 位　ウ 以）
6 山あいの**セイ**流で魚つりを楽しむ。
（ア 省　イ 清　ウ 整）
7 学級の代表を**トウ**票で決める。
（ア 投　イ 灯　ウ 等）
8 合唱コンクールで**カ**題曲を歌う。
（ア 果　イ 科　ウ 課）
9 優《ゆう》勝の**エイ**光にかがやく。
（ア 英　イ 泳　ウ 栄）
10 車のエンジンを止めて**キュウ**油する。
（ア 給　イ 求　ウ 宮）

3 辞《じ》
4 芽《め》
5 例《れい》

8 束《そく》
9 量《りょう》
10 梨《なし》

㈥ 後の□の中のひらがなを漢字になおして、意味が反対や対《つい》になることば（対義《ぎ》語）を書きなさい。□の中のひらがなは**一度だけ**使い、答えのらんに**漢字一字**を書きなさい。 (10) 2×5

〈例〉室内—室[外]

不便—便[1]
起立—着[2]
来年—[3]年
有料—[4]料
欠ける—[5]ちる

さく・せき・み・む・り

(七) 次の——線の**カタカナ**を○**の中の漢字と送りがな(ひらがな)**で答えのらんに書きなさい。 (14) 2×7

〈例〉 ㊣ **タダシイ**字を書く。 正しい

1 (包) きれいな紙でプレゼントを**ツツム**。

2 (冷) **ツメタイ**麦茶をコップに注ぐ。

3 (治) 子犬の病気が**ナオル**。

4 (挙) 教室で元気よく手を**アゲル**。

5 (祝) 妹の誕《たん》生日を**イワウ**。

6 (折) 赤えん筆のしんが**オレル**。

(九) 次の——線の**カタカナ**を**漢字**になおして答えのらんに書きなさい。 (16) 2×8

1 夜おそく**サイ**終のバスで帰った。

2 朝食に新せんな野**サイ**を食べる。

3 新しいビルがまもなく**カン**成する。

4 実験でビーカーと試験**カン**を使う。

5 夜空の星の動きを観**サツ**する。

6 千円**サツ**を百円玉に両がえする。

7 旅先で名**サン**のぶどうを買う。

8 姉に算数の**サン**考書をもらった。

(十) 次の——線の**カタカナ**を**漢字**になおして答えのらんに書きなさい。 (40) 2×20

1 小川のほとりにホタルが**ト**びかう。

2 寺の池に大**リン**のハスの花がさいた。

3 クラスの**ナカ**間と縄とびをする。

4 先生の号**レイ**ですばやく整列する。

5 一億の一万倍は一**チョウ**である。

6 親友のはげましの言葉が心に**ノコ**る。

7 **ミ**来の都市を想像《ぞう》して絵をかく。

8 道**トク**の時間に命について考えた。

9 食事の前に**カナラ**ず手をあらう。

7 ㊐働 母のハタラク銀行は駅前にある。

(八) 次の部首のなかまの漢字で□にあてはまる漢字一字を、答えのらんに書きなさい。 (20) 2×10

〈例〉 亻（にんべん） 体《たい》力・工 作《さく》

ア 攵（のぶん・ぼくづくり）
失 1《ぱい》・2《さん》歩・3《かい》良

イ 亻（にんべん）
両 4《がわ》・5《けん》康・6《か》りる

ウ 氵（さんずい）
7《ぎょ》船・8《あさ》い・入 9《よく》
方 10《ほう》

(十) 上の漢字と下の□の中の漢字を組み合わせて二字のじゅく語を二つ作り、答えのらんに記号で書きなさい。 (20) 2×10

〈例〉 校 ア門 イ学 ウ海 エ体 オ読　イ 校　校 ア

一、民 ア住 イ陸 ウ炭 エ話 オ億　1 民　民 2

二、共 ア返 イ公 ウ械 エ順 オ同　3 共　共 4

三、牧 ア求 イ速 ウ放 エ兵 オ場　5 牧　牧 6

四、議 ア協 イ宮 ウ員 エ便 オ隊　7 議　議 8

五、固 ア老 イ強 ウ灯 エ定 オ別　9 固　固 10

10 塩を少しクワえて味をととのえる。
11 エジソンのデン記を読み終えた。
12 あゆを炭火でヤいて食べた。
13 ハク物館で昔の機関車を見た。
14 園芸店で花のタネや球根を買う。
15 道で転んだ子どもがナきだした。
16 車が海テイトンネルを通りぬける。
17 わずか一点のサで試合に負けた。
18 畑の周りにヒクいさくを作る。
19 長いカ物列車が鉄橋をわたる。
20 スきこそ物の上手なれ

▼解答《かいとう》（こたえ）は別冊《べっさつ》54・55ページ

7級

漢検

日本漢字能力検定　答案用紙

注意点がうらにありますので、よく読んで答えてください。
答えはすべてこの用紙に記入してください。
この用紙はおりまげたり、よごしたりしないでください。

性《せい》別

男 ▯

女 ▯

生年月日

西暦《れき》　　　年　　月　　日

※印字されていない場合は、▯の中に生年月日を記入。

＜記入例＞

生年月日が2001年(平成13年)1月1日なら

2001年01月01日

西暦《れき》

訂《てい》正 ▯　　　年　　月　　日

※生年月日がちがう場合、訂《てい》正▯にマークし、▯の中に正しい生年月日を記入。

▯のぬりかた

○のように▯をきれいにぬりつぶしてください。

○ ▮　× ▯ ✓

ご記入いただきました個人情報は、当協会の検定にかかわる業務にのみ使います。

(ただし、検定にかかわる業務に際し、業務提携会社に作業を委託する場合があります。)

ご記入いただきました個人情報にかかわるお問い合わせは、下記までおねがいします。

(公財) 日本漢字能力検定協会　https://www.kanken.or.jp/privacy/

(一) 読み (20)

1	2	3	4	5	6	7

1×20

(二) 読み (10)

1	2	3	4	5	6	7

1×10

(四) 画数(算用数字) (10)

1	2	3	4	5	6	7	8	9	10
画目	画目	画目	画目	画目	画	画	画	画	画

1×10

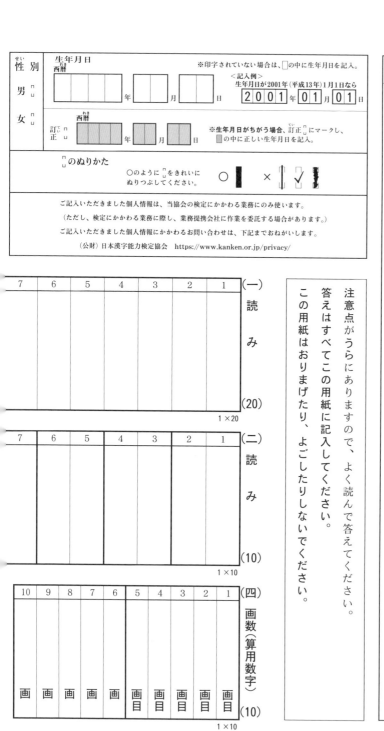

訂正

※氏名がちがう場合、右上の訂正にマークし、正しい氏名を記入。

ふりがな

氏名

※印字されていない場合は氏名を記入。

受検番号

0 1 2 3 4 5 6 7 8 9	0 1 2 3 4 5 6 7 8 9	0 1 2 3 4 5 6 7 8 9	0 1 2 3 4 5 6 7 8 9	0 1 2 3 4 5 6 7 8 9	0 1 2 3 4 5 6 7 8 9

会場名

会場番号

0 1 2 3 4 5 6 7 8 9	0 1 2 3 4 5 6 7 8 9	0 1 2 3 4 5 6 7 8 9	0 1 2 3 4 5 6 7 8 9	0 1 2 3 4 5 6 7 8 9	0 1 2 3 4 5 6 7 8 9	0 1 2 3 4 5 6 7 8 9

8	9	10	11	12	13	14	15	16	17	18	19	20

8	9	10

（三）漢字えらび（記号）（20）

1	2	3	4	5	6	7	8	9	10

2×10

（五 音読み・訓読み（記号）（20

1	2	3	4	5	6	7	8	9	10

2×10

（六）対義《ぎ》語（一字）（10）

1	2	3	4	5

2×5

（七）漢字と送りがな（ひらがな）（14）

1	2	3	4	5	6	7

2 × 7

（八）同じ部首の漢字（20）

1	2	3	4	5

2 × 10

（九）同じ読みの漢字（16）

1	2	3	4	5	6	7	8

2 × 8

（十）じゅく語作り（記号）（20）

1	2	3	4

2 × 10

（十一）漢字（40）

1	2	3	4	5	6	7	8	9	10	11	12	13

2 × 20

しないでください。答えが書けなくてもかならず出してください。

字は誤《ご》答となることがありますので、ご注意ください。

〔注　意　点〕

① 答えはすべてこの用紙に書きなさい。
② あいずがあるまで、はじめてはいけません。（時間は**60分**です。）
③ 問題についてのせつめいはありませんので、問題をよく読んでから答えを書きなさい。
④ 答えは、ＨＢ・Ｂ・２Ｂのえんぴつまたはシャープペンシルで書きなさい。
（ボールペンや万年筆などは使わないこと）
⑤ 答えは、**楷《かい》書**でわく内いっぱいに**大きくはっきり**書きなさい。
とくに漢字の**書きとり問題**では**はねるところ・とめるところ**など、はっきり書きなさい。
行書体や草書体のようにくずした字や、らんざつな字は答えとしてみとめられません。
〈つづけて書いてはいけないところ〉
例 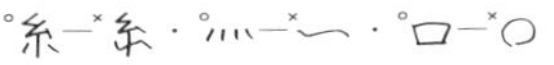

△合否《ひ》にかかわる問い合わせにはいっさいお答えできません。
（公財）日本漢字能力検定協会
〔不　許　複　製〕

10	9	8	7	6

10	9	8	7	6	5

20	19	18	17	16	15	14

これより下は記入しないこと。

年度										
	0	1	■	3	4	5	6	7	8	9
	■	1	2	3	4	5	6	7	8	9
	0	1	■	3	4	5	6	7	8	9
	0	1	■	3	4	5	6	7	8	9

回	0	■	2	3	4	5	6	7	8	9
日程	A	■	C	D	E	F	G	H	I	J
	N	O	P	Q	R	S	T	U	V	W
級	0	1	2	3	4	5	6	■	8	9
	■	1	2	3	4	5	6	7	8	9

この用紙はおりまげたり、よごしたり

らんざつな字や、うすくて読みにくい

●この本に関《かん》するアンケート●

今後の出版《しゅっぱん》事業に役立てたいと思いますので、アンケートにご協力《きょうりょく》ください。抽選《ちゅうせん》で粗品《そしな》をお送りします。

◆PC・スマートフォンの場合

下記URL、または二次元コードから回答画面に進み、画面の指示《しじ》に従《したが》ってお答えください。

https://www.kanken.or.jp/kanken/textbook/past.html

◆愛読《あいどく》者カード（ハガキ）の場合

この本に挟《はさ》み込《こ》んでいるハガキに切手をはり、お送りください。

漢検 8級 過去問題集

2024年6月30日　第1版第2刷　発行

編　者　公益財団法人 日本漢字能力検定協会

発行者　山崎　信夫

印刷所　大日本印刷株式会社

発行所　公益財団法人 日本漢字能力検定協会

〒605-0074 京都市東山区祇園町南側551番地

☎(075)757-8600

ホームページhttps://www.kanken.or.jp/

Printed in Japan

ISBN978-4-89096-495-6 C0081

乱丁・落丁本はお取り替えいたします。

公益財団法人 日本漢字能力検定協会

漢検

漢検《かんけん》過去《かこ》問題集

標準解答《ひょうじゅんかいとう》（こたえ）

8級

目次

8級

しけんもんだい 1 標準解答……2
しけんもんだい 2 標準解答……6
しけんもんだい 3 標準解答……10
しけんもんだい 4 標準解答……14
しけんもんだい 5 標準解答……18
しけんもんだい 6 標準解答……22
しけんもんだい 7 標準解答……26
しけんもんだい 8 標準解答……30
しけんもんだい 9 標準解答……34
しけんもんだい 10 標準解答……38
しけんもんだい 11 標準解答……42
しけんもんだい 12 標準解答……46
しけんもんだい 13 実物大見本 標準解答……50
＊ふろく
7級 しけんもんだい 標準解答……54
データでみる「漢検」……56

別冊《べっさつ》

本体からはなしてお使いください。

漢検 公益財団法人 日本漢字能力検定協会

700495 (1-2)

（一） つぎの——線の**漢字**の**読みがな**を——線の**右**に書きなさい。 (30) 1×30

1 今朝は小雪がちらついて寒《さむ》い。
2 文の主語《しゅご》をさがして線を引く。
3 今日の宿題《しゅくだい》はむずかしかった。
4 左右をよく見て道路《どうろ》をわたる。
5 都会《とかい》には多くの人が住んでいる。
6 姉のかいた油絵《あぶらえ》をかべにかざる。
7 学級の代表《だいひょう》にえらばれた。
8 教科書の詩《し》を声に出して読む。
9 家の庭《にわ》に小さな花だんを作る。
10 けいじ板《ばん》に学校だよりをはる。

21 川にすんでいる貝の研究《けんきゅう》をする。
22 書いた文章《ぶんしょう》をていねいに見直す。
23 公園にさくらのなえ木を植《う》えた。
24 テストのけっかが心配《しんぱい》だ。
25 服《ふく》をたたんで引き出しにしまう。
26 口笛《くちぶえ》でうぐいすの鳴き声をまねる。
27 先に出かけた弟を追《お》いかける。
28 長いトンネルをほって鉄道《てつどう》を通す。
29 交通ルールをしっかり守《まも》る。
30 山里は深《ふか》いきりにつつまれていた。

合格者平均得点 29.2 / 30

（三） （　）の中に**漢字**を書いて、上と**はんたいの いみのことば**にしなさい。 (10) 2×5

配る——1（集《あつ》）める
終わる——2（始《はじ》）まる
教える——3（習《なら》）う
たて書き——4（横《よこ》）書き
下山——5（登《と》）山

合格者平均得点 9.1 / 10

11 もうすぐ梅《うめ》の花がさく時期《じき》だ。

12 氷《こおり》の上をスピードを出してすべる。

13 りすが木の実《み》をほおばる。

14 父のお客《きゃく》さんにお茶を出した。

15 海をうめ立てて空港《くうこう》をつくる。

16 鼻《はな》がむずむずしてくしゃみが出た。

17 こん虫の体のつくりを調《しら》べる。

18 ひこうき雲が西の方向《ほうこう》へのびている。

19 切りきずの血《ち》はすぐに止まった。

20 学問の神様《かみさま》をまつる神社にまいる。

(二) つぎの**漢字**の**太いところ**は、**何番め**に書きますか。○の中に**数字**を書きなさい。 (10) 1×10

番号	漢字	答え
1	倍	②
2	命	③
3	第	⑩
4	身	⑥
5	宿	③
6	童	⑫
7	息	⑩
8	礼	⑤
9	待	⑨
10	医	⑦

合格者平均得点 9.2/10

(四) **おなじなかまの漢字**を□の中に書きなさい。 (20) 2×10

さんずい(氵)… 気[1 温]《おん》・[2 波]《なみ》音

しかばね かばね(尸)… 薬[3 局]《きょく》・小[4 屋]《や》

ちから(力)… [5 勉]《べん》強・運[6 動]《どう》

てへん(扌)… 気[7 持]《も》ち・親[8 指]《ゆび》

たけかんむり(⺮)… [9 等]《ひと》しい・[10 筆]《ふで》箱

合格者平均得点 18.6/20

（五） つぎの（　）の中に**漢字**を書きなさい。　(20) 2×10

歯医1（者《しゃ》）さんから虫歯の話を聞く。

雨上がりに、にじの2（写《しゃ》）真をとる。

お楽しみ会の進め方を3（相《そう》）談する。

テレビで人形げきが放4（送《そう》）された。

わすれ物をしないように5（注《ちゅう》）意する。

クレーンで古い電6（柱《ちゅう》）をつり上げる。

雪がつもって外は一面の銀世7（界《かい》）だ。

二8（階《かい》）のまどから中庭を見下ろす。

兄は百メートルを十四9（秒《びょう》）で走った。

けがをして10（病《びょう》）院で手当てを受けた。

合格者平均得点
18.0/20

（七） つぎの——線の**漢字**の**読みがな**を——線の**右**に書きなさい。　(10) 1×10

新しい1高速《こうそく》道路が開通した。

友だちと計算の2速《はや》さをきそう。

はがきに自分の3住所《じゅうしょ》と名前を書いた。

おじは東京に4住《す》んでいる。

魚が5湖面《こめん》から高くとびはねた。

6湖《みずうみ》にうすい氷がはっていた。

7悪人《あくにん》たちが心を入れかえる。

きりが立ちこめて見通しが8悪《わる》い。

---

3 自分の考えを5［短《みじか》］くまとめて　わかりやすく6［発《はっ》］表する。

4 7［駅《えき》］前からバスに乗って　水族8［館《かん》］に行く。

5 学級会の話し合いで、さんせいと9［反《はん》］10［対《たい》］に意見が分かれた。

6 イルカが広い海を自11［由《ゆう》］に12［泳《およ》］ぎ回る。

7 少年野13［球《きゅう》］の試《し》合で14［負《ま》］けて　くやしかった。

（六） つぎの――線の**カタカナ**を○の中の**漢字**と**おくりがな（ひらがな）**で□の中に書きなさい。 (10) 2×5

〈れい〉 ㊀大 **オオキイ**花がさく。　［大きい］

1 ㊀定 図書のかし出し期間を**サダメル**。　1［定める］

2 ㊀運 大きな船に石炭をつんで**ハコブ**。　2［運ぶ］

3 ㊀整 かみの毛をくしで**トトノエル**。　3［整える］

4 ㊀悲 **カナシイ**知らせに心がいたむ。　4［悲しい］

5 ㊀拾 地区の公園のごみを**ヒロウ**。　5［拾う］

合格者平均得点 9.4/10

公園の 9 遊具《ゆうぐ》が新しくなった。

みんなでトランプをして 10 遊《あそ》んだ。

合格者平均得点 9.5/10

（八） つぎの□の中に**漢字**を書きなさい。 (40) 2×20

1 体 1［育］《いく》の時間にクラス全 2［員］《いん》でドッジボールをした。

2 「おには外、3［福］《ふく》は内。」と言いながら 4［豆］《まめ》をまく。

8 力いっぱい自 15［転］《てん》車をこいで 16［急］《きゅう》な坂道をのぼる。

9 川に 17［落］《お》ちておぼれていた子犬が 18［助］《たす》けられた。

10 レモンの 19［皮］《かわ》をかじってみたら少し 20［苦］《にが》かった。

合格者平均得点 36.8/40

学習日　月　日

/150

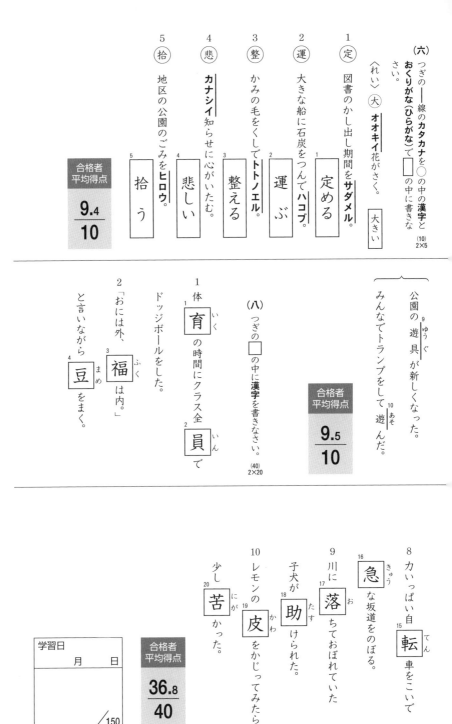

（一） つぎの――線の**漢字**の**読みがな**を――線の**右**に書きなさい。 (30) 1×30

1 雨にぬれたあじさいが美《うつく》しい。
2 公園の中央《ちゅうおう》に広場がある。
3 農家《のうか》の人から新せんなトマトを買う。
4 店内に多くの品物《しなもの》がならんでいる。
5 教科書にのっている詩《し》を音読した。
6 巣《す》から落《お》ちたひな鳥を助ける。
7 ドアを軽《かる》くノックして部屋に入る。
8 ざっ草を根《ね》もとから引きぬく。
9 ひやした麦茶を水とうに注《そそ》ぐ。
10 体育《たいいく》の時間にサッカーをした。

21 川にいる魚について研究《けんきゅう》した。
22 チームは期待《きたい》どおり勝利《り》した。
23 走りつづけて息が苦《くる》しくなった。
24 太いつなを両方《りょうほう》から引き合う。
25 石炭《せきたん》をもやして汽車が走る。
26 広い畑《はたけ》でさつまいもを育てる。
27 おかしの空き箱を工作に役立《やくだ》てる。
28 たきの水がいきおいよく流《なが》れ落ちる。
29 他人の意見《いけん》に耳をかたむける。
30 外国の大きな客船が港《みなと》を出ていく。

合格者平均得点 29.1/30

（三） （　）の中に**漢字**を書いて、上と**はんたいの いみのことば**にしなさい。 (10) 2×5

1 せめる――（守《まも》）る
2 あさい――（深《ふか》）い
3 受ける――（投《な》）げる
4 始め――（終《お》）わり
5 さんせい――（反《はん》）対

合格者平均得点 9.1/10

11 ふろ上がりにジュースを飲《の》む。

12 神社で祭《まつ》りのたいこが鳴っている。

13 アンデルセンの童話《どうわ》を読む。

14 くもの糸が銀《ぎん》いろに光って見えた。

15 小川にかかる丸木の橋《はし》をわたる。

16 雲の間から太陽《たいよう》が顔を出す。

17 都会《とかい》の大通りにビルが立ちならぶ。

18 電池をつなぐと豆電球《まめでんきゅう》がついた。

19 今日は予想《よそう》したとおり、晴れた。

20 筆箱《ふでばこ》に新しいえん筆を入れる。

(二) つぎの**漢字**の**太いところ**は、**何番めに**書きますか。◯の中に**数字**を書きなさい。 (10) 1×10

番号	漢字	答え
1	路	5
2	短	11
3	乗	6
4	員	4
5	級	7
6	県	9
7	速	10
8	鉄	13
9	着	12
10	様	14

合格者平均得点 8.8/10

(四) **おなじなかまの漢字**を□の中に書きなさい。 (20) 2×10

くさかんむり（艹）…… 1 荷《に》物・2 薬《やっ》局

まだれ（广）…… 3 校庭《てい》・4 金庫《こ》

しんにょう しんにゅう（辶）…… 5 遊《あそ》び場・6 運《はこ》ぶ

つちへん（土）…… 7 坂《さか》道・8 地《じ》面

さんずい（氵）…… ごま 9 油《あぶら》・10 温《おん》度

合格者平均得点 18.7/20

（五） つぎの（　）の中に**漢字**を書きなさい。 (20) 2×10

学げい会のげきの練1（習《しゅう》）をした。
午前九時に公園に2（集《しゅう》）合した。
音楽に合わせて元気よく行3（進《しん》）する。
遠足の写4（真《しん》）をアルバムにはった。
体育5（館《かん》）でドッジボールをした。
主人公の美しい心に6（感《かん》）動した。
大きな客船で世7（界《かい》）の国々を回る。
エレベーターで五8（階《かい》）に上がる。
9（次《じ》）回の大会では金メダルを目指す。
母は大切な用10（事《じ》）で出かけている。

合格者平均得点
17.8/20

（七） つぎの——線の**漢字**の**読みがな**を——線の**右**に書きなさい。 (10) 1×10

兄と同じ1水泳《すいえい》教室に通う。
くらげが2泳《およ》ぐ様子をながめた。
一年間に3身長《しんちょう》が五センチのびた。
ゆでたまごの4白身《しろみ》を食べる。
家族で5相談《そうだん》して旅行先を決めた。
うでずもうで強い6相手《あいて》に勝った。
子ねこがぶじに生まれて7安心《あんしん》した。
スーパーで8安《やす》売りをしていた。

3 理科の時間に、いろいろな物の5重《おも》さを6調《しら》べた。
4 自分の考えを7整《せい》理して文8章《しょう》にまとめる。
5 ペンギンが一9列《れつ》にならんで海に10向《む》かって歩く。
6 きのう、歯11医《い》12者《しゃ》さんに虫歯をみてもらった。
7 まきじゃくを使って黒13板《ばん》の たてと14横《よこ》の長さをはかる。

(六) つぎの——線の**カタカナ**を○の中の**漢字**と**おくりがな（ひらがな）**で□の中に書きなさい。 (10) 2×5

〈れい〉 (大) **オオキイ**花がさく。 ［大きい］

1 (開) 教科書の三十ページを**ヒラク**。 [1]［開く］

2 (味) しぼりたての牛にゅうを**アジワウ**。 [2]［味わう］

3 (返) 先週かりた本を友だちに**カエス**。 [3]［返す］

4 (曲) はり金をペンチで**マゲル**。 [4]［曲げる］

5 (平) **ヒラタイ**皿にやいた魚をのせる。 [5]［平たい］

合格者平均得点 9.1／10

テストで計算の[9]実力《じつりょく》をためす。
うめの木に[10]実《み》がいっぱいなっている。

合格者平均得点 9.6／10

(八) つぎの□の中に**漢字**を書きなさい。 (40) 2×20

1 木々の[1]［葉］《は》の[2]［緑］《みどり》がこくなってきた。

2 きょうりゅうの歯の[3]［化］《か》石が[4]［発］《はっ》見された。

8 林の中は日当たりが[15]［悪］《わる》くて[16]［暗］《くら》かった。

9 家に帰ってすぐに[17]［宿］《しゅく》[18]［題］《だい》の漢字ドリルをした。

10 わたしの[19]［住］《す》んでいる町には[20]［有］《ゆう》名な寺がある。

合格者平均得点 36.5／40

学習日 月 日
／150

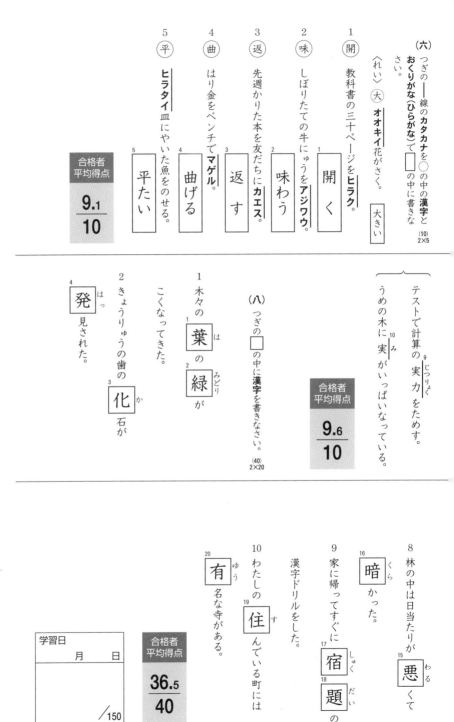

(一) つぎの――線の**漢字の読みがな**を――線の**右**に書きなさい。 (30) 1×30

1 はまべの貝がらが 波《なみ》 にさらわれる。
2 庭のひまわりが大きく 育《そだ》 つ。
3 ボールを力いっぱい 投《な》 げる。
4 歩道橋《ほどうきょう》 の階だんをゆっくり上った。
5 友だちを 追《お》 いかけて走った。
6 さんせいと 反対《はんたい》 が同数だった。
7 最《さい》後の 走者《そうしゃ》 にバトンがわたった。
8 よごれた 服《ふく》 をせんたくする。
9 遠くに豆つぶほどの 島《しま》 が見えた。
10 西の空を赤くそめて 太陽《たいよう》 がしずむ。

21 遊園地《ゆうえんち》 は多くの人でにぎわっていた。
22 指《ゆび》 にささったとげをぬく。
23 店の前に 開店《かいてん》 をいわう花がならぶ。
24 うでずもうをして弟に 負《ま》 けた。
25 川の 岸《きし》 べで、べんとうを食べた。
26 深い海にすむ魚について 調《しら》 べる。
27 通学路《つうがくろ》 のとちゅうに橋がある。
28 タンクローリーで 石油《せきゆ》 が運ばれる。
29 他校《たこう》 の人たちとスポーツで交流する。
30 この地区には古い 旅館《りょかん》 が多い。

合格者平均得点 29.1/30

(三) (　)の中に**漢字**を書いて、上と**はんたいのいみのことば**にしなさい。 (10) 2×5

きけん――1(安《あん》)全
止める――2(動《うご》)かす
全体――3(部《ぶ》)分
ぬぐ――4(着《き》)る
かた方――5(両《りょう》)方

合格者平均得点 9.1/10

11 つゆの時期《じき》は、むし暑い日が多い。

12 息《いき》をふきこんで風船をふくらます。

13 三けたの数のひき算を筆算《ひっさん》でする。

14 テストが終わって気が軽《かる》くなった。

15 ぼくは虫歯《むしば》が一本もない。

16 森の中に小さなお宮《みや》があった。

17 黒板《こくばん》に書かれた文を書き写す。

18 サッカー教室の申《もう》しこみをする。

19 チーターはライオンより速《はや》く走る。

20 ひこうきが空港《くうこう》におりてきた。

(二) つぎの**漢字**の**太いところ**は、**何番め**に書きますか。○の中に**数字**を書きなさい。 (10) 1×10

宿 … 1 ⑤	都 … 2 ⑨	詩 … 3 ⑫	業 … 4 ④	根 … 5 ⑧
列 … 6 ⑥	庫 … 7 ⑩	意 … 8 ⑬	箱 … 9 ⑮	練 … 10 ⑭

合格者平均得点 9.2/10

(四) **おなじなかまの漢字**を□の中に書きなさい。 (20) 2×10

き(木)へん … 1 植《しょく》物園・2 電柱《ちゅう》

しかばね かばね(尸) … 鳥小3 屋《や》・薬4 局《きょく》

こころ(心) … 5 悲《かな》しい・6 悪《わる》者

はつがしら(癶) … 木7 登《のぼ》り・8 発《はつ》売

にんべん(亻) … 9 住《じゅう》所・10 代《だい》表

合格者平均得点 18.9/20

（五） つぎの（　）の中に**漢字**を書きなさい。 (20) 2×10

校庭でさか上がりの練1（習《しゅう》）をした。

遠足の日の2（集《しゅう》）合時間をたしかめる。

ひまわりの花を写3（真《しん》）にとった。

足なみをそろえて行4（進《しん》）する。

姉が図書委5（員《いん》）になるのは二回目だ。

病6（院《いん》）で血えきけんさを受ける。

えい画を見て感7（想《そう》）文を書く。

こまったときは母に8（相《そう》）談する。

自由研9（究《きゅう》）のテーマを考える。

父と野10（球《きゅう》）の試《し》合を見に行った。

合格者平均得点

18.7/20

（七） つぎの——線の**漢字**の**読みがな**を——線の**右**に書きなさい。 (10) 1×10

1 気温《きおん》が上がって三十度をこえた。

電子レンジでごはんを2 温《あたた》める。

風車がくるくると3 回転《かいてん》する。

坂道で4 転《ころ》びそうになった。

給《きゅう》食の時間に5 放送《ほうそう》で昔話を聞いた。

広いまき場に羊を6 放《はな》している。

紙しばいを作るのに7 苦心《くしん》した。

マラソンの後半はとても8 苦《くる》しかった。

3 5 緑《みどり》の山々にかこまれた6 湖《みずうみ》のほとりをさん歩する。

4 学げい会のげきで、王7 様《さま》の8 役《やく》をした。

5 ジュースに9 氷《こおり》を入れて10 飲《の》むとつめたくておいしかった。

6 母にもらったお11 守《まも》りをいつも12 持《も》っている。

7 先生がテストの問13 題《だい》用紙をみんなに14 配《くば》った。

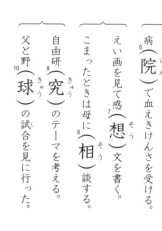

(六) つぎの――線の**カタカナ**を○の中の**漢字**と**おくりがな(ひらがな)**で□の中に書きなさい。 (10) 2×5

〈れい〉 ㊅大 **オオキイ**花がさく。　大きい

1 流 ラジオから音楽が**ナガレル**。　1 流れる

2 美 カナリアが**ウツクシイ**声で鳴く。　2 美しい

3 化 きつねが人を**バカス**話を聞いた。　3 化かす

4 拾 ゆかに落ちた消しゴムを**ヒロウ**。　4 拾う

5 整 たんすの引き出しの中を**トトノエル**。　5 整える

合格者平均得点 9.2/10

読書の計画を 9 実行《じっこう》 することができた。

ミニトマトの 10 実《み》 が赤く色づいた。

合格者平均得点 9.5/10

(八) つぎの□の中に**漢字**を書きなさい。 (40) 2×20

1 大きなこいが池の水 1 面《めん》 近くをゆっくり 2 泳《およ》 いでいた。

2 3 商《しょう》 店がいにある店で赤と白の絵の 4 具《ぐ》 を買った。

---

8 夏休みは新かん線に 15 乗《の》 って九 16 州《しゅう》 に行く。

9 神社にまいって、家 17 族《ぞく》 みんなの幸 18 福《ふく》 をいのった。

10 空き地にマンションをたてる工 19 事《じ》 が 20 始《はじ》 まった。

合格者平均得点 36.1/40

学習日　月　日

/150

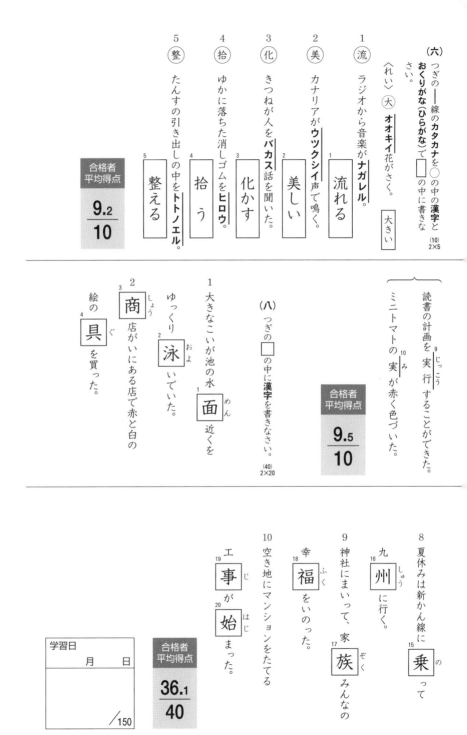

（一）つぎの——線の**漢字**の**読みがな**を——線の**右**に書きなさい。 (30) 1×30

1 高原に美《うつく》しい花がさいていた。
2 コンパスの使《つか》い方を学習した。
3 図書のかし出し期間《きかん》は一週間だ。
4 すいかを切って皿《さら》にのせる。
5 遠足の日はいつもより早く登校《とうこう》した。
6 新しい店の前に行列《ぎょうれつ》ができた。
7 電車はもうすぐ終点《しゅうてん》に着く。
8 水平線《すいへいせん》から朝日がのぼってくる。
9 駅の売店で飲《の》み物を買う。
10 船のもけいを仕上《しあ》げた。

21 暑《あつ》いので木かげに入って休んだ。
22 神社で祭《まつ》りのたいこが鳴っている。
23 ピッチャーが速《はや》いボールを投げた。
24 バスは午前八時に駅前を出発《しゅっぱつ》した。
25 社会科見学で農家《のうか》の人に話を聞く。
26 プールで五十メートル泳《およ》げた。
27 でこぼこの地面《じめん》を平らにする。
28 詩を読んで心を強く打《う》たれた。
29 父がくれたみやげのつつみを開《ひら》く。
30 県道《けんどう》が町の中を南北に走っている。

合格者平均得点 29.3 / 30

（三）（　）の中に**漢字**を書いて、上と**はんたいのいみのことば**にしなさい。 (10) 2×5

楽しい —— 1（苦《くる》）しい
さんせい —— 2 反（対《たい》）
集める —— 3（配《くば》）る
生まれる —— 4（死《し》）ぬ
長い —— 5（短《みじか》）い

合格者平均得点 9.2 / 10

11 通学路《つうがくろ》のとちゅうに交番がある。

12 朝早く起《お》きてラジオ体そうをする。

13 おどろいて息《いき》が止まりそうになった。

14 部屋の電気を消《け》してベッドに入る。

15 かべ新聞の記事について相談《そうだん》する。

16 チューリップの球根《きゅうこん》をほり出す。

17 係《かかり》の人が工場を案《あん》内してくれた。

18 大通りの両《りょう》がわに商店がならぶ。

19 ぞうが鼻《はな》で上手にりんごをつかむ。

20 見学したことを文章《ぶんしょう》にまとめた。

(二)

つぎの**漢字**の**太いところ**は、**何番め**に書きますか。◯の中に**数字**を書きなさい。 (10) 1×10

1	表	⑤
2	寒	④
3	歯	⑪
4	鉄	⑨
5	業	⑧
6	軽	⑫
7	泳	⑧
8	身	⑦
9	終	⑪
10	福	⑬

合格者平均得点 9.1／10

(四)

おなじなかまの漢字を□の中に書きなさい。 (20) 2×10

くさかんむり（艹）…飲み 1 薬《ぐすり》・2 荷《に》物

ぎょうにんべん（彳）…3 待《ま》つ・4 役《やく》目

しんにょう しんにゅう（辶）…5 運《うん》動会・6 進《すす》む

こころ（心）…大 7 急《いそ》ぎ・8 悪《わる》い

きへん（木）…9 横《よこ》顔・10 柱《はしら》時計

合格者平均得点 18.7／20

（五） つぎの（　）の中に**漢字**を書きなさい。 (20) 2×10

1 町の図書（館《かん》）で絵本を三さつかりた。

2 美しい星空を見て（感《かん》）動した。

3 夕食までに算数の宿（題《だい》）を終えた。

4 店の人に品物の（代《だい》）金をはらう。

5 部屋のかべに世（界《かい》）地図をはった。

6 二（階《かい》）のまどから中庭を見下ろす。

7 国語じてんで言葉の（意《い》）味を調べる。

8 かぜをひいて（医《い》）者にみてもらった。

9 手（帳《ちょう》）に来週の予定を書きこむ。

10 今日のおかずに豆ふを一（丁《ちょう》）買った。

合格者平均得点 17.9/20

（七） つぎの——線の**漢字**の**読みがな**を——線の**右**に書きなさい。 (10) 1×10

1 校内放送《ほうそう》で音楽が流れる。

2 夏の間、高原で牛を放《はな》しがいにする。

3 友だちからの手紙に返事《へんじ》を書く。

4 向こうの山からこだまが返《かえ》ってきた。

5 昔は明かりに石油《せきゆ》ランプを用いた。

6 キャベツと肉を油《あぶら》でいためる。

7 行きも帰りも歩道橋《ほどうきょう》をわたった。

8 古い橋《はし》が新しくかけかえられた。

---

3 5 次《つぎ》の試《し》合に勝てば県大会への出場が 6 決《き》まる。

4 夏休みに家族で九 7 州《しゅう》を 8 旅《りょ》行する。

5 ゆかに 9 落《お》ちた赤えん筆を友だちが 10 拾《ひろ》ってくれた。

6 太 11 陽《よう》の光を 12 受《う》けて海面がきらきらとかがやく。

7 おじは 13 去《きょ》年から、駅前にある 14 銀《ぎん》行につとめている。

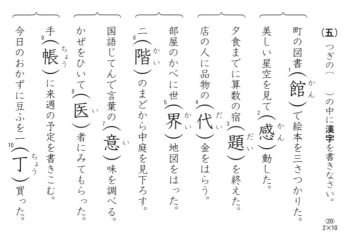

（六） つぎの——線の**カタカナ**を○の中の**漢字**と**おくりがな（ひらがな）**で□の中に書きなさい。 (10) 2×5

〈れい〉 ㊅大 **オオキイ**花がさく。 大きい

1 ㊅始 近所で水道の工事が**ハジマル**。 1 始まる

2 ㊅注 庭の植木にじょうろで水を**ソソグ**。 2 注ぐ

3 ㊅転 やわらかい草の上で**コロガル**。 3 転がる

4 ㊅温 **アタタカイ**ごはんでおにぎりを作る。 4 温かい

5 ㊅化 きつねが子どもに**バケル**話を聞いた。 5 化ける

合格者平均得点 9.5 / 10

来週の漢字テストで 9 実力《じつりょく》をためす。

農園のさくらんぼがたわわに 10 実《みの》る。

合格者平均得点 9.4 / 10

（八） つぎの□の中に**漢字**を書きなさい。 (40) 2×20

1 体 1 育《いく》の時間にクラス全 2 員《いん》で ドッジボールをした。

2 3 湖《みずうみ》の岸に立って、遠くに うかぶ 4 島《しま》をながめた。

---

8 紙のはしで 15 指《ゆび》の先を切って 少し 16 血《ち》が出た。

9 17 勉《べん》強づくえの引き出しの中を 18 整《せい》理する。

10 ひなの 19 命《いのち》を 20 守《まも》るために 親鳥はてきとたたかう。

合格者平均得点 35.9 / 40

学習日 月 日 ／150

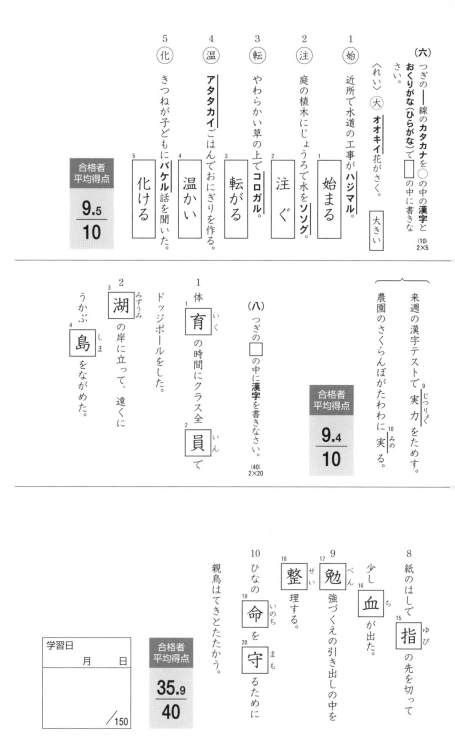

（一）つぎの――線の**漢字**の**読みがな**を――線の**右**に書きなさい。

(30) 1×30

1 神社の祭《まつ》りで、みこしをかついだ。

2 通学路《つうがくろ》のとちゅうに交番がある。

3 すず虫の鳴く様子《ようす》をかんさつする。

4 都会《とかい》に高いビルが立ちならぶ。

5 麦茶に氷《こおり》を入れて飲んだ。

6 湖《みずうみ》に白いボートがうかんでいる。

7 一秒《いちびょう》でも速く走れるように練習する。

8 貝の化石《かせき》が山のがけで見つかった。

9 寺の庭《にわ》のあじさいがさき始めた。

10 指《ゆび》をおりながら数を数える。

21 たくさんの荷物《にもつ》をトラックにつむ。

22 虫歯《むしば》がいたくてねむれなかった。

23 小数のひき算を筆算《ひっさん》でする。

24 かっていた金魚が死《し》んでしまった。

25 海をうめ立てて空港《くうこう》をつくった。

26 体そうの世界《せかい》大会に出場する。

27 三だんのとび箱《ばこ》がとべた。

28 弟はいつもぼうしを深《ふか》くかぶる。

29 白い波が岸《きし》に打ちよせる。

30 鉄道《てつどう》を通すためにトンネルをほる。

合格者平均得点
29.0/30

（三）（　）の中に**漢字**を書いて、上と**はんたいのいみのことば**にしなさい。

(10) 2×5

部分――1（全《ぜん》）体

自分――2（他《た》）人

長文――3（短《たん》）文

寒い――4（暑《あつ》）い

うれしい――5（悲《かな》）しい

合格者平均得点
9.1/10

11 さんせいより反対《はんたい》の方が多かった。
12 本のかし出し期間《きかん》をたしかめる。
13 白地図に田や畑の記号《きごう》を書きこむ。
14 長い文章《ぶんしょう》を最《さい》後まで読んだ。
15 父は仕事《しごと》でアメリカに行った。
16 豆電球《まめでんきゅう》を使っておもちゃを作る。
17 外国のあいさつの言葉《ことば》をおぼえる。
18 パンダの赤ちゃんが公開《こうかい》された。
19 母とのやくそくをしっかり守《まも》った。
20 のこぎりで板《いた》をまっすぐに切る。

（二）つぎの漢字の太いところは、何番めに書きますか。◯の中に数字を書きなさい。 (10) 1×10

1 軽……⑨
2 所……⑦
3 銀……⑫
4 族……④
5 波……⑥
6 苦……⑧
7 農……⑬
8 客……⑨
9 第……⑪
10 投……⑦

合格者平均得点 8.9/10

（四）おなじなかまの漢字を□の中に書きなさい。 (20) 2×10

こざとへん（阝）…1 太陽《よう》・2 病院《いん》
しかばね かばね（尸）…3 薬局《きょく》・4 屋《おく》上
はつがしら（癶）…5 登《と》山家・6 発《はつ》明
しんにょう しんにゅう（辶）…7 行進《しん》曲・8 運《うん》転
さんずい（氵）…9 石油《ゆ》・10 注《ちゅう》意

合格者平均得点 18.8/20

(五) つぎの（　）の中に**漢字**を書きなさい。 (20) 2×10

昔の町の1（写《しゃ》）真を見せてもらった。

同じ作2（者《しゃ》）の本を二さつ読んだ。

かべ新聞の名前について3（相《そう》）談する。

学校の放4（送《そう》）室は二階にある。

来月の予定を手5（帳《ちょう》）に書き入れる。

今日はおなかの6（調《ちょう》）子がよくない。

夏休みに友だちと星の研7（究《きゅう》）をした。

父は8（急《きゅう》）な用事で出かけた。

船がぶじに港に着いて9（安《あん》）心した。

教科書にのっている詩を10（暗《あん》）記する。

合格者平均得点 17.6 / 20

(七) つぎの——線の**漢字**の**読みがな**を——線の**右**に書きなさい。 (10) 1×10

一本の矢がまとの真ん中に1命中《めいちゅう》した。

親鳥は2命《いのち》がけでひなを助けた。

遠足の日の天気が3心配《しんぱい》だ。

みんなにケーキを一つずつ4配《くば》った。

教室のつくえの中を5整理《せいり》した。

列を6整《ととの》えて、ろう下にならぶ。

車がカーブで7速度《そくど》を落とす。

兄はクラスでいちばん足が8速《はや》い。

3 物語の5［主《しゅ》］人公のやさしい気6［持《も》］ちに心を打たれた。

4 ケーキに立てたろうそくに7［息《いき》］をふきかけて火を8［消《け》］す。

5 青と黄色の絵の9［具《ぐ》］をまぜると10［緑《みどり》］色になる。

6 林の中を歩いて、地11［面《めん》］に落ちた木の12［実《み》］を拾った。

7 13［次《つぎ》］の試《し》合に14［勝《か》］つためにチームのみんなで話し合う。

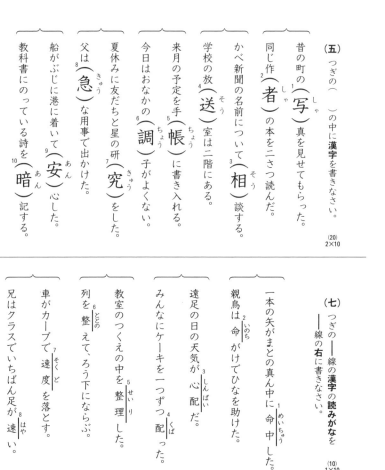

(六) つぎの――線の**カタカナ**を○の中の**漢字**と**おくりがな（ひらがな）**で□の中に書きなさい。 (10) 2×5

〈れい〉 (大) **オオキイ**花がさく。 大きい

1 (流) 谷川の水がいきおいよく**ナガレル**。 1 流れる

2 (味) 温かいお茶と和がしを**アジワウ**。 2 味わう

3 (決) リレーで走る順《じゅん》番を**キメル**。 3 決める

4 (美) 海べで**ウツクシイ**貝がらを見つけた。 4 美しい

5 (植) 花だんに**ウエル**球根を買う。 5 植える

合格者平均得点 9.3/10

船が 9 汽笛《き てき》 を鳴らして出港する。

学校の帰りに友だちと 10 口笛《くち ぶえ》 をふく。

合格者平均得点 9.5/10

(八) つぎの□の中に**漢字**を書きなさい。 (40) 2×20

1 おやつを食べてから計算ドリルの 1 宿《しゅく》 2 題《だい》 をした。

2 目ざまし時計のはりを 3 動《うご》 かして 4 起《お》 きる時こくに合わせる。

---

8 同じ大きさの 15 皿《さら》 を 16 重《かさ》 ねて戸だなにしまう。

9 雨がふってきたので、 17 駅《えき》 からタクシーに 18 乗《の》 って帰った。

10 もうどう犬としての 19 役《やく》 目を 20 終《お》 えた犬の世話をする。

合格者平均得点 35.8/40

学習日 月 日

/150

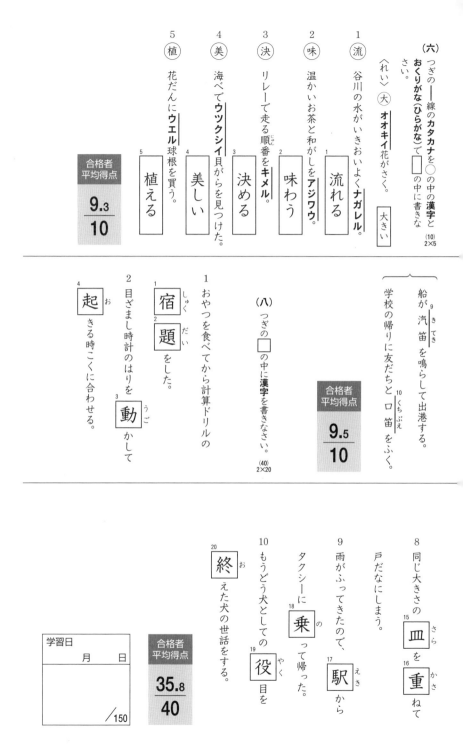

8級

しけんもんだい

6

標準《ひょうじゅん》解答《かいとう》（こたえ）【本冊《ほんさつ》46～51ページ】

（一）つぎの——線の**漢字**の**読みがな**を——線の**右**に書きなさい。 (30) 1×30

1 びわの木にたくさんの実《み》がなる。
2 夏休みに研究したことを発表《はっぴょう》する。
3 朝早く起《お》きてラジオ体そうをする。
4 昼休みにグラウンドで遊《あそ》んだ。
5 さんせいと反対《はんたい》が同数だった。
6 ポットの湯《ゆ》をコーヒーカップに注ぐ。
7 土曜日に地区《ちく》の音楽会が行われた。
8 麦茶に氷《こおり》を入れて飲んだ。
9 雨の日の路面《ろめん》はすべりやすい。
10 サッカーの試《し》合でゴールを守《まも》る。

21 おみやげをもらって、お礼《れい》を言う。
22 みつばちが農家《のうか》の花畑をとび回る。
23 板《いた》の間のゆかをぞうきんでふく。
24 寺で時代《じだい》げきのさつえいがある。
25 大売り出しの期間《きかん》は三日だった。
26 テストの点数が予想《よそう》よりよかった。
27 ピアノ教室の申《もう》しこみに行く。
28 先生に自分の気持《きも》ちを話す。
29 木をもやすと炭《すみ》ができる。
30 公園の池に石の橋《はし》がかかっていた。

合格者平均得点 28.9 / 30

（三）（　）の中に**漢字**を書いて、上と**はんたいのいみのことば**にしなさい。 (10) 2×5

自分——1（相《あい》）手
始まる——2（終《お》）わる
投げる——3（受《う》）ける
止まる——4（動《うご》）く
明るい——5（暗《くら》）い

合格者平均得点 9.0 / 10

11 文の主語《しゅご》とじゅつ語をさがす。

12 たまごの黄身《きみ》と白身をよくまぜる。

13 少しの間、横《よこ》になって休んだ。

14 海の神《かみ》をまつる神社があった。

15 すきな教科は音楽と体育《たいいく》だ。

16 王女はいつまでも幸《しあわ》せにくらした。

17 新しい店の前に客の行列《ぎょうれつ》ができた。

18 りんごを皮《かわ》ごと食べる。

19 漢字を正しく書く練習《れんしゅう》をする。

20 車庫《しゃこ》からゆっくり車が出てきた。

(二) つぎの**漢字**の**太いところ**は、**何番め**に書きますか。◯の中に**数字**を書きなさい。(10) 1×10

1 旅 ⑧	2 勝 ⑩	3 島 ②	4 荷 ⑥	5 悪 ⑤
6 軽 ⑫	7 乗 ⑨	8 病 ⑩	9 住 ⑦	10 定 ⑧

合格者平均得点 9.1/10

(四) **おなじなかまの漢字**を□の中に書きなさい。(20) 2×10

- てへん(扌)…親 1 指《ゆび》・2 拾《ひろ》う
- さんずい(氵)…3 油《あぶら》絵・平 4 泳《およ》ぎ
- たけかんむり(⺮)…本 5 箱《ばこ》・6 筆《ふで》立て
- ちから(力)…7 勉《べん》強・8 助《たす》かる
- おおがい(頁)…9 題《だい》名・横 10 顔《がお》

合格者平均得点 18.3/20

(五) つぎの（　）の中に**漢字**を書きなさい。 (20) 2×10

高原でコスモスの写1（真《しん》）をとった。

たて一列になって行2（進《しん》）する。

金曜日に図書3（委《い》）員会がある。

耳がいたいので4（医《い》）者にみてもらう。

太5（陽《よう》）の光がまぶしくて目を細める。

旅行に着ていく6（洋《よう》）服をえらぶ。

お楽しみ会で歌う7（曲《きょく》）を決める。

薬8（局《きょく》）でマスクを買った。

火事のげん場へ9（消《しょう》）ぼう車が急ぐ。

駅の近くに大きな10（商《しょう》）店がいがある。

合格者平均得点 18.1/20

(七) つぎの――線の**漢字**の**読みがな**を――線の**右**に書きなさい。 (10) 1×10

帰国する父を1 空港《くうこう》で出むかえる。

たくさんの魚をつんだ船が2 港《みなと》に着く。

信《しん》号の手前で車は3 速度《そくど》を落とした。

もっと4 速《はや》く走れるようになりたい。

えい画のこわい場面で5 悲鳴《ひめい》をあげた。

友だちとけんかをして6 悲《かな》しい。

7 根気《こんき》のいる細かい作業に取り組む。

たんぽぽは地中に深く8 根《ね》をのばす。

---

3 校5 庭《てい》の花だんにサルビアの花を6 植《う》えた。

4 水族7 館《かん》でペンギンに人気が8 集《あつ》まる。

5 自分の考えを9 整《せい》理して文10 章《しょう》にまとめる。

6 山11 登《のぼ》りをしているとき、鳥の12 美《うつく》しい鳴き声が聞こえた。

7 木の13 葉《は》が一まい、小川をゆっくり14 流《なが》れていく。

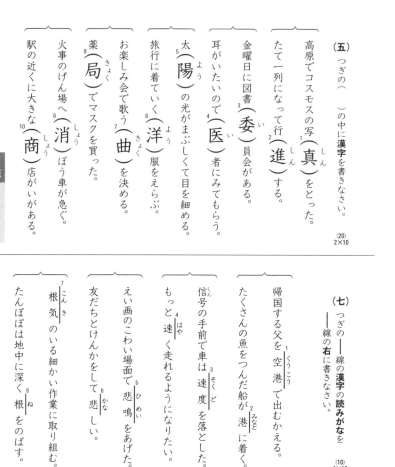

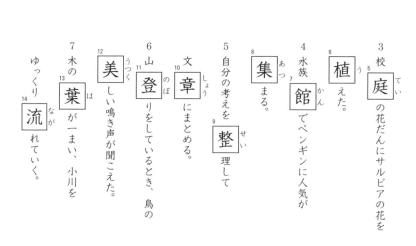

(六) つぎの——線の**カタカナ**を○の中の**漢字**と**おくりがな(ひらがな)**で□の中に書きなさい。 (10) 2×5

〈れい〉 (大) **オオキイ**花がさく。 [大きい]

1 (味) 新米で作ったおにぎりを**アジワウ**。 1 [味わう]

2 (開) まどを**アケル**と風が入ってきた。 2 [開ける]

3 (返) かりていた本を図書室に**カエス**。 3 [返す]

4 (等) 二本のリボンの長さは**ヒトシイ**。 4 [等しい]

5 (転) パンダが体を丸めて**コロガル**。 5 [転がる]

合格者平均得点 9.2/10

ひざをすりむいて少し 9 出血《しゅっけつ》した。

きず口に当てたガーゼに 10 血《ち》がにじむ。

合格者平均得点 9.6/10

(八) つぎの□の中に**漢字**を書きなさい。 (40) 2×20

1 1 [昔]《むかし》の人が使っていた道 2 [具]《ぐ》について調べた。

2 地 3 [球]《きゅう》の海水の 4 [温]《おん》度が上がってきているそうだ。

8 坂道を 15 [全]《ぜん》力でかけ上がって 16 [息]《いき》が切れた。

9 学校の 17 [屋]《おく》上から、東の方角に市 18 [役]《やく》所が見える。

10 19 [祭]《まつ》りの日は、道の 20 [両]《りょう》がわにたくさんの店がならぶ。

合格者平均得点 36.9/40

学習日 月 日

/150

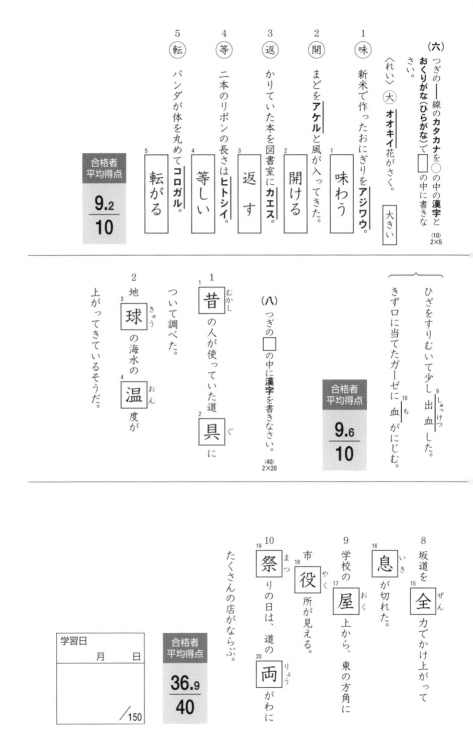

（一）つぎの——線の**漢字**の**読みがな**を——線の**右**に書きなさい。 (30) 1×30

1 野原一面《いちめん》にコスモスがさく。
2 国語の時間に主語《しゅご》とじゅつ語を学ぶ。
3 学芸《げい》会のげきのせりふを暗記《あんき》する。
4 花火が空高く打《う》ち上げられた。
5 黒板にはられた絵地図に注目《ちゅうもく》する。
6 文章《ぶんしょう》に書いて考えをまとめた。
7 キャンプの申《もう》しこみをする。
8 星のかんさつを根気《こんき》よくつづける。
9 投《な》げたボールを犬が拾ってきた。
10 たまごの黄身《きみ》と白身を分ける。

21 ぞうが鼻《はな》でバナナを口に運ぶ。
22 ボートが波《なみ》で左右にゆれる。
23 子羊《こひつじ》がかわいい声で鳴いた。
24 町のほぼ中央《ちゅうおう》に大きな公園がある。
25 今年も白鳥が湖《みずうみ》にやって来た。
26 商店《しょうてん》がいで大売り出しをしている。
27 弟はおこって横《よこ》を向いた。
28 空が急《きゅう》に暗くなって雨がふりだした。
29 金や銀《ぎん》の色紙でつるをおる。
30 外国から多くの石油《せきゆ》を買い入れる。

合格者平均得点 28.5/30

（三）（　）の中に**漢字**を書いて、上と**はんたいの**
いみのことばにしなさい。 (10) 2×5

心配——1（安《あん》）心
勝つ——2（負《ま》）ける
来年——3（去《きょ》）年
ちらばる——4（集《あつ》）まる
かりる——5（返《かえ》）す

合格者平均得点 9.3/10

11 工事のため通学路《つうがくろ》が一部かわった。
12 学校の農園《のうえん》でさつまいもを作る。
13 始業式《しぎょうしき》で元気よく校歌を歌った。
14 もう少し歩けば駅に着《つ》く。
15 秋祭《あきまつ》りのおはやしが聞こえてきた。
16 作者の気持ちがよく表《あらわ》れた詩だ。
17 こわい話を聞いて寒《さむ》けがした。
18 かみの毛をくしで整《ととの》える。
19 ひこうきが空港《くうこう》をとび立った。
20 となり町に住《す》むおじをたずねる。

(二) つぎの**漢字**の**太いところ**は、**何番め**に書きますか。◯の中に**数字**を書きなさい。 (10) 1×10

1 宮…③
2 対…④
3 童…⑧
4 第…⑨
5 幸…⑥
6 流…⑩
7 運…⑫
8 様…⑭
9 歯…⑫
10 帳…⑪

合格者平均得点 9.0/10

(四) **おなじなかまの漢字**を□の中に書きなさい。 (20) 2×10

はつがしら（癶）…1 発《はっ》見・2 登《と》山
くるまへん（車）…3 軽《かる》い・自4 転《てん》車
まだれ（广）…中5 庭《にわ》・金6 庫《こ》
こころ（心）…7 悪《あく》人・ため8 息《いき》
こざとへん（阝）…病9 院《いん》・二10 階《かい》

合格者平均得点 17.8/20

（五）つぎの（　）の中に**漢字**を書きなさい。 (20) 2×10

ゆうびん1（局《きょく》）ではがきを買う。

長い間、作2（曲《きょく》）家として活やくした。

物語を読んで感3（想《そう》）文を書く。

お楽しみ会の4（相《そう》）談がまとまる。

遠足の写5（真《しん》）をアルバムにはる。

音楽に合わせて選《せん》手が行6（進《しん》）する。

ひざをすりむいて出7（血《けつ》）した。

大工になろうと8（決《けっ》）意する。

うなぎの一生について9（研《けん》）究する。

兄は10（県《けん》）立の高校に通っている。

合格者平均得点 17.8／20

（七）つぎの——線の**漢字**の**読みがな**を——線の**右**に書きなさい。 (10) 1×10

目ざまし時計の1調子《ちょうし》がよくない。

商店がいにどんな店があるか2調《しら》べる。

冬休みに海外3旅行《りょこう》をする予定だ。

4旅先《たびさき》で名物のだんごを食べた。

父と川の5上流《じょうりゅう》で魚つりをした。

長ぐつについた土をあらい6流《なが》す。

図かんでマンモスの7化石《かせき》を見た。

きもだめしでお8化《ば》けの役をする。

3 外国の5有《ゆう》名なチームがサッカー教室を6開《ひら》く。

4 友だちは走るのが7速《はや》くて8追《お》いつけなかった。

5 いちょうの黄色い9葉《は》がひらひらと10落《お》ちる。

6 昼休みにクラス11全《ぜん》12員《いん》でドッジボールをした。

7 夕食の前に算数の13宿《しゅく》14題《だい》をすませた。

(六) つぎの――線の**カタカナ**を◯の中の**漢字**と**おくりがな(ひらがな)**で□の中に書きなさい。 (10) 2×5

〈れい〉 (大) **オオキイ**花がさく。 [大きい]

1 (味) おばあさんの作った料《りょう》理を**アジワウ**。 [1 味わう]

2 (重) 同じ大きさの皿を三まい**カサネル**。 [2 重ねる]

3 (美) 池に羽の**ウツクシイ**鳥がいた。 [3 美しい]

4 (放) 広い草原に羊を**ハナス**。 [4 放す]

5 (助) 人の命を**タスケル**仕事がしたい。 [5 助ける]

合格者平均得点 9.3/10

一羽のはとが 9 電柱《でんちゅう》の上にとまった。

寺の太い 10 柱《はしら》のかげにねこがいた。

合格者平均得点 9.6/10

(八) つぎの□の中に**漢字**を書きなさい。 (40) 2×20

1 [1 昔]《むかし》話を読んで思ったことをノートに[2 短]《みじか》くまとめる。

2 弟といっしょに近[3 所]《じょ》の公園へ[4 遊]《あそ》びに行く。

---

8 花だんに[15 植]《う》えたホウセンカがたくさんの[16 実]《み》をつけた。

9 来年、新しい体[17 育]《いく》[18 館]《かん》ができるそうだ。

10 [19 医]《い》者から[20 薬]《くすり》の飲み方について説《せつ》明を受ける。

合格者平均得点 36.6/40

学習日 月 日

/150

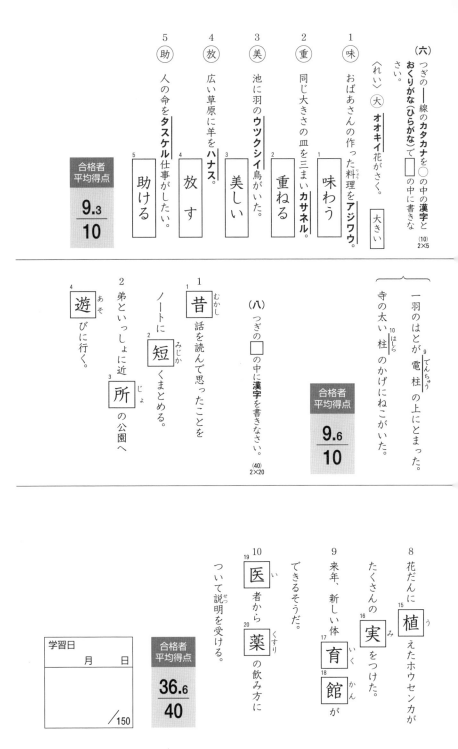

（一） つぎの――線の**漢字**の**読みがな**を――線の**右**に書きなさい。 (30) 1×30

1 友だちといっしょに登校《とうこう》する。

2 通学路《つうがくろ》のとちゅうに交番がある。

3 自分の書いた文章《ぶんしょう》を読み返す。

4 図工のてんらん会に作品《さくひん》を出す。

5 給《きゅう》食当番が牛にゅうやパンを配《くば》る。

6 教科書にのっている詩を暗記《あんき》した。

7 物語の内ようを短《みじか》くまとめる。

8 学級文庫に新しい童話《どうわ》の本が入る。

9 ゴール前で追《お》いこして一位《い》になる。

10 花だんにパンジーのなえを植《う》える。

21 外国のゆうびん切手を集《あつ》める。

22 都合《つごう》が悪くなって旅行を中止した。

23 駅前《えきまえ》の通りに商店が立ちならぶ。

24 放った矢が、まとに命中《めいちゅう》した。

25 谷川を流《なが》れる水の音が聞こえる。

26 列車《れっしゃ》がトンネルを通りすぎた。

27 広い農園《のうえん》でりんごをさいばいする。

28 雨上がりの空に美《うつく》しいにじがかかる。

29 川の岸《きし》べから小鳥がとび立つ。

30 白いすなはまに波《なみ》が打ちよせる。

合格者平均得点 29.3 / 30

（三） （　）の中に**漢字**を書いて、上と**はんたいのいみのことば**にしなさい。 (10) 2×5

うれしい ―― 1（悲《かな》）しい

全体 ―― 2（部《ぶ》）分

拾う ―― 3（落《お》）とす

生まれる ―― 4（死《し》）ぬ

終わる ―― 5（始《はじ》）まる

合格者平均得点 9.3 / 10

11 病気《びょうき》で三日間、学校を休んだ。

12 五十メートル走で実力《じつりょく》が出せた。

13 プールのたてと横《よこ》の長さをはかる。

14 次《つぎ》の試《し》合は一週間後に行われる。

15 風船に力いっぱい息《いき》をふきこむ。

16 町の図書館《としょかん》で星の図かんを見る。

17 夕食のスープをお代《か》わりした。

18 ふろ上がりに、つめたい水を飲《の》む。

19 かんらん車がゆっくり回転《かいてん》する。

20 やっと、山のちょう上に着《つ》いた。

(二) つぎの**漢字**の**太いところ**は、**何番め**に書きますか。◯の中に**数字**を書きなさい。 (10) 1×10

1 所……④

2 筆……⑪

3 宿……⑩

4 帳……③

5 氷……③

6 面……⑨

7 幸……⑧

8 他……⑤

9 湯……⑫

10 駅……⑭

合格者平均得点 9.3/10

(四) **おなじなかまの漢字**を□の中に書きなさい。 (20) 2×10

しんにょう しんにゅう（⻌）…時 1 速《そく》・2 遊《ゆう》園地

さんずい（氵）…3 注《ちゅう》目・体 4 温《おん》計

たけかんむり（⺮）…草 5 笛《ぶえ》・6 等《ひと》しい

しめすへん（礻）…7 神《じん》社・8 福《ふく》引き

かばね しかばね（尸）…薬 9 局《きょく》・山小 10 屋《や》

合格者平均得点 18.7/20

（五）つぎの（　）の中に**漢字**を書きなさい。 (20) 2×10

1 ラグビーの世（界《かい》）大会が開かれた。

2 校しゃの二（階《かい》）に音楽室がある。

3 おじは大学で薬の（研《けん》）究をしている。

4 駅の近くで国道と（県《けん》）道が交わる。

5 ほけん室で身長と体（重《じゅう》）をはかる。

6 引っこしをして（住《じゅう》）所がかわった。

7 せきが出るので医（者《しゃ》）にみてもらう。

8 遠足の（写《しゃ》）真をアルバムにはる。

9 お楽しみ会の（相《そう》）談がまとまる。

10 えい画を見て感（想《そう》）を話し合った。

合格者平均得点
18.4 / 20

（七）つぎの——線の**漢字**の**読みがな**を——線の**右**に書きなさい。 (10) 1×10

1 つくえの引き出しの中を整理《せいり》する。

2 ヘアブラシでかみの毛を整《ととの》える。

3 兄と同じ水泳《すいえい》教室に通う。

4 平泳《ひらおよ》ぎが上手にできるようになった。

5 弟がくつの右と左を反対《はんたい》にはく。

6 体をゆっくり後ろに反《そ》らす。

7 グループの代表に指名《しめい》される。

8 ばらのとげが指先《ゆびさき》にささった。

3 工場見学の後、案《あん》内してくれた 5 係《かかり》の人に、お 6 礼《れい》を言った。

4 国語辞典《じてん》を使って、むずかしい言葉の 7 意《い》 8 味《み》を調べる。

5 昼休みに校庭の 9 鉄《てつ》ぼうでさか上がりの 10 練《れん》習をした。

6 車内の放 11 送《そう》を聞いて、電車のおくれている理 12 由《ゆう》を知った。

7 先生が明日の学習の 13 予《よ》定を黒 14 板《ばん》に書いた。

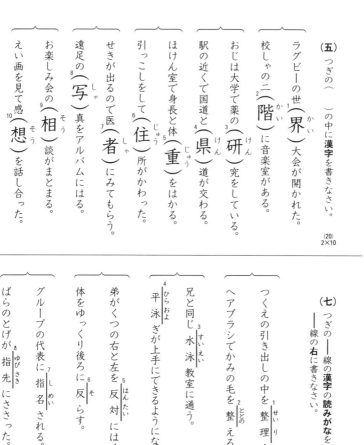

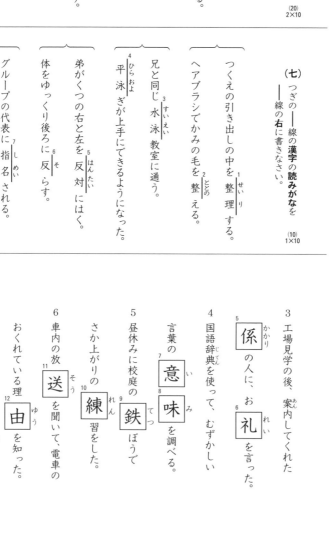

（六）つぎの――線の**カタカナ**を○の中の**漢字**と**おくりがな（ひらがな）**で□の中に書きなさい。 (10) 2×5

〈れい〉 (大) **オオキイ**花がさく。 大きい

1 (決) 学級の生活目標《ひょう》を**キメル**。 [1] 決める

2 (化) たぬきが人間を**バカス**話を読む。 [2] 化かす

3 (苦) **クルシイ**立場に立たされる。 [3] 苦しい

4 (進) 台風の**ススム**方向がかわる。 [4] 進む

5 (助) 海でそうなんした人を**タスケル**。 [5] 助ける

合格者平均得点 9.6／10

東京行きの新かん線に乗車《じょうしゃ》[9]する。

生まれてはじめて馬に乗《の》[10]った。

合格者平均得点 9.6／10

（八）つぎの□の中に**漢字**を書きなさい。 (40) 2×20

1 秋の [1] 運《うん》 [2] 動《どう》 会では、三年生と四年生が合同でダンスをする。

2 物語を読んで、 [3] 主《しゅ》 人公の気 [4] 持《も》 ちを考える。

---

8 太 [15] 陽《よう》 の光をあびて [16] 畑《はたけ》 の作物が大きく育つ。

9 妹はランドセルに、交通 [17] 安《あん》 全のお [18] 守《まも》 りをつけている。

10 フェリーは [19] 港《みなと》 を出発して遠くはなれた [20] 島《しま》 に向かった。

合格者平均得点 37.2／40

学習日 月 日 ／150

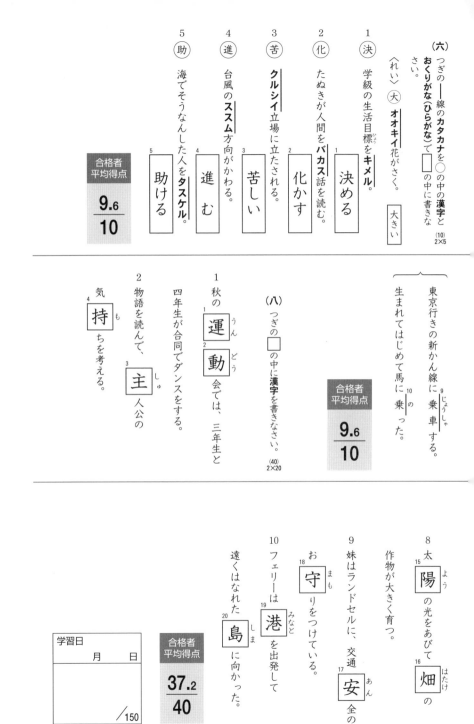

8級 しけんもんだい 9 標準《ひょうじゅん》解《かい》答《とう》（こたえ）【本冊《ほんさつ》64～69ページ】

（一） つぎの——線の**漢字**の**読みがな**を——線の**右**に書きなさい。 (30) 1×30

1 庭《にわ》の木の赤い実を小鳥がついばむ。
2 北の方向《ほうこう》からつめたい風がふく。
3 ポットの湯《ゆ》をコーヒーカップに注ぐ。
4 広場の中央《ちゅうおう》に時計台がある。
5 学級委員《いいん》を二名えらぶ。
6 すきな詩《し》をノートに書き写す。
7 消《け》しゴムをわすれてこまった。
8 美しい音楽に心を動《うご》かされる。
9 電柱《でんちゅう》の上にすずめがとまっている。
10 花だんの草取《くさと》りをてつだう。

21 たて笛にゆっくり息《いき》をふきこむ。
22 姉はぼくの考えに反対《はんたい》した。
23 パンダの赤ちゃんが公開《こうかい》された。
24 学芸《げい》会のげきの主役《しゅやく》にえらばれる。
25 海岸線《かいがんせん》にそって松《まつ》林がつづく。
26 手についた油《あぶら》を紙でふき取る。
27 お化《ば》けの話を聞いてぞっとした。
28 そろばんの玉を指《ゆび》ではじく。
29 半島《はんとう》の先にある港町をたずねた。
30 農家《のうか》の人にいねのかり方を教わる。

合格者平均得点 28.8 / 30

（三） （　）の中に**漢字**を書いて、上と**はんたいのいみのことば**にしなさい。 (10) 2×5

勝つ —— 1（負《ま》）ける
あまい —— 2（苦《にが》）い
下校 —— 3（登《とう》）校
明るい —— 4（暗《くら》）い
よろこぶ —— 5（悲《かな》）しむ

合格者平均得点 9.5 / 10

11 国語も算数も両方《りょうほう》ともすきだ。

12 兄がしょうぎの相手《あいて》をしてくれた。

13 ベルを合図にひなん訓《くん》練を始《はじ》める。

14 四だんのとび箱《ばこ》が上手にとべた。

15 予想《よそう》したとおり、よい天気になった。

16 第一走者《そうしゃ》としてリレーに出場した。

17 妹が手作りのお守《まも》りをくれた。

18 波《なみ》が岩に当たってくだける。

19 子犬が鼻《はな》を鳴らしてあまえる。

20 バスが銀行《ぎんこう》の角を右に曲がった。

（二） つぎの**漢字**の**太いところ**は、**何番め**に書きますか。◯の中に**数字**を書きなさい。 (10) 1×10

1 炭……④

2 緑……⑩

3 発……⑧

4 君……③

5 所……④

6 港……⑫

7 羊……⑥

8 橋……⑯

9 医……⑦

10 畑……⑨

合格者平均得点 9.0 / 10

（四） **おなじなかまの漢字**を□の中に書きなさい。 (20) 2×10

- にんべん（亻）…二 1 [倍]《ばい》・時 2 [代]《だい》
- しんにょう しんにゅう（辶）… 3 [運]《うん》動・4 [返]《かえ》す
- うかんむり（宀）…お 5 [宮]《みや》・見物 6 [客]《きゃく》
- さんずい（氵）… 7 [決]《けっ》心・8 [洋]《よう》服
- のぶん ぼくづくり（攵）… 9 [放]《ほう》送・10 [整]《ととの》える

合格者平均得点 18.5 / 20

（五） つぎの（　）の中に**漢字**を書きなさい。 (20) 2×10

1 五十メートルを九（秒《びょう》）で走った。

2 （病《びょう》）気は思ったより早くなおった。

3 バスは少しおくれて（終《しゅう》）点に着いた。

4 （習《しゅう》）字に使う筆を新しく買った。

5 （次《じ》）回の委員会は月曜日にある。

6 家の前の通りで工（事《じ》）をしている。

7 自由研（究《きゅう》）で雲について調べる。

8 （急《きゅう》）行電車がホームに入ってきた。

9 （有《ゆう》）名な画家のてんらん会に行った。

10 （遊《ゆう》）園地で弟とかんらん車に乗った。

合格者平均得点 18.2 / 20

（七） つぎの――線の**漢字**の**読みがな**を――線の**右**に書きなさい。 (10) 1×10

書店のとなりに 1 薬局《やっきょく》 ができた。

朝食の後、かぜの 2 薬《くすり》 を飲んだ。

みんなの 3 期待《きたい》 どおりにヒットを打った。

動物園の入り口前で開園を 4 待《ま》 つ。

一年間に 5 身長《しんちょう》 が三センチのびた。

たまごの 6 白身《しろみ》 をあわ立てる。

魚が 7 湖面《こめん》 から高くとびはねた。

冬になると 8 湖《みずうみ》 に白鳥がとんでくる。

---

3 水族 5 館《かん》 の大きな水そうでサメがゆうゆうと 6 泳《およ》 いでいた。

4 水平線にしずむ太 7 陽《よう》 を写 8 真《しん》 にとった。

5 秋が 9 深《ふか》 まり、木々の 10 葉《は》 が赤や黄に色づく。

6 友だちの 11 落《お》 としたハンカチを 12 拾《ひろ》 ってあげた。

7 13 去《きょ》 年の春、14 駅《えき》 前の通りに大きなスーパーができた。

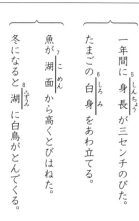

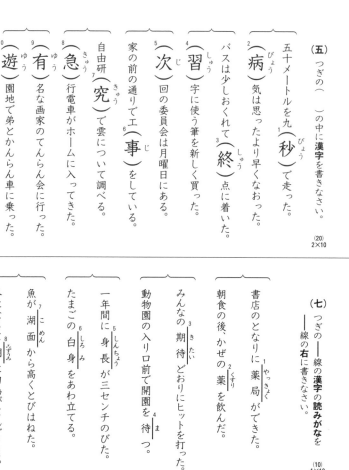

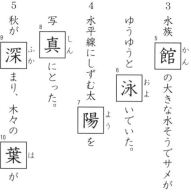

（六） つぎの――線のカタカナを◯の中の漢字とおくりがな（ひらがな）で□の中に書きなさい。 (10) 2×5

〈れい〉 大 オオキイ花がさく。 大きい

1 育 広い畑でさつまいもをソダテル。 1 育てる

2 転 ねこが毛糸の玉をコロガス。 2 転がす

3 温 アタタカイごはんにたまごをかける。 3 温かい

4 起 目ざまし時計をオキル時間に合わす。 4 起きる

5 集 りすがどんぐりをアツメル。 5 集める

合格者平均得点 9.3/10

そろばんの試験《しけん》を受けて 9 実力《じつりょく》をためす。

かきの 10 実《み》が赤く色づいてきた。

合格者平均得点 9.4/10

（八） つぎの□の中に漢字を書きなさい。 (40) 2×20

1 開会 1 式《しき》のとき、学級ごとに 2 二 列《れつ》にならんだ。

2 黒 3 板《ばん》のたてと 4 横《よこ》の長さをまきじゃくを使ってはかる。

---

8 道 15 路《ろ》をわたる前に左右の 16 安《あん》全をたしかめる。

9 算数のテストの 17 問《もん》 18 題《だい》が全部とけた。

10 19 神《じん》社の森を 20 流《なが》れる川の水はとてもきれいだった。

合格者平均得点 36.4/40

学習日
月　日
／150

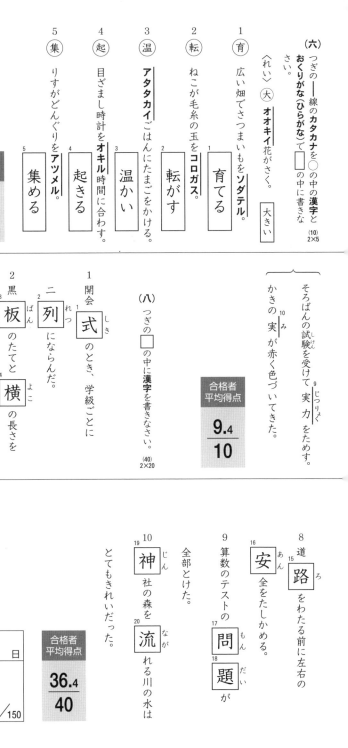

8級 しけんもんだい 10

標準解答《ひょうじゅんかいとう》（こたえ）【本冊《ほんさつ》70～75ページ】

（一）つぎの――線の**漢字**の**読みがな**を――線の**右**に書きなさい。 (30) 1×30

1 雨上がりの空に美《うつく》しいにじがかかる。
2 音楽の時間にみんなで笛《ふえ》をふいた。
3 グループごとにろう下に整列《せいれつ》する。
4 図かんでまき貝の化石《かせき》を見た。
5 調《しら》べたことを文章にまとめる。
6 石につまずいて足の指《ゆび》にけがをした。
7 農家《のうか》の人が畑をたがやしている。
8 雲の切れ間から太陽《たいよう》の光がもれる。
9 そうじ道具《どうぐ》をロッカーにしまう。
10 学級を代表《だいひょう》してあいさつする。

21 れいぞう庫から氷《こおり》を取り出す。
22 たいこを力強く打《う》ち鳴らす。
23 都会《とかい》でたくさんの人がはたらく。
24 クロールで泳《およ》げるようになりたい。
25 リレーはきっと白組が勝《か》つだろう。
26 すな時計のすなが少しずつ落《お》ちる。
27 高速《こうそく》道路を多くの車が走る。
28 風車がいきおいよく回転《かいてん》する。
29 大通りの両《りょう》がわに商店がならぶ。
30 ラジオでニュースを放送《ほうそう》している。

合格者平均得点
29.1/30

（三）（　）の中に**漢字**を書いて、上と**はんたいの いみのことば**にしなさい。 (10) 2×5

一部――1（全《ぜん》）部
止まる――2（進《すす》）む
たおれる――3（起《お》）きる
寒い――4（暑《あつ》）い
自分――5（他《た》）人

合格者平均得点
9.3/10

11 まきじゃくを使《つか》って長さをはかる。

12 校庭《こうてい》に大きないちょうの木がある。

13 今と昔《むかし》のくらしをくらべてみる。

14 朝早く外に出ると息《いき》が白く見えた。

15 バスの出発《しゅっぱつ》が少しおくれた。

16 ランドセルにお守《まも》りをつける。

17 炭《すみ》で火をおこして肉をやく。

18 りんごを皮《かわ》ごと丸かじりする。

19 赤ちゃんが幸《しあわ》せそうにねむっている。

20 通学路《つうがくろ》のとちゅうに歩道橋がある。

（二） つぎの**漢字**の**太いところ**は、**何番め**に書きますか。◯の中に**数字**を書きなさい。 (10) 1×10

1 県……⑦

2 宿……⑩

3 漢……⑪

4 面……⑤

5 商……⑥

6 球……⑪

7 着……⑫

8 受……⑧

9 屋……⑨

10 薬……⑯

合格者平均得点 9.3/10

（四） **おなじなかまの漢字**を□の中に書きなさい。 (20) 2×10

たけかんむり（⺮）……本1 箱《ばこ》・絵2 筆《ふで》

いとへん（糸）……3 終《しゅう》業式・4 緑《みどり》色

しんにょう しんにゅう（⻌）……5 遊《あそ》び場・6 追《お》う

こころ（心）……注7 意《い》・8 悲《かな》しむ

さんずい（氵）……9 洋《よう》服・10 波《なみ》音

合格者平均得点 18.0/20

（五）つぎの（　）の中に**漢字**を書きなさい。 (20) 2×10

1 妹はマット運（動《どう》）がとくいだ。

2 グリム（童《どう》）話の本を買ってもらう。

3 はじめて学級（委《い》）員にえらばれた。

4 歯がいたくて歯（医《い》）者にみてもらう。

5 きれいな花の写（真《しん》）をかべにはった。

6 ほけん室で（身《しん》）長と体重をはかった。

7 町の図書（館《かん》）で絵本を三さつかりた。

8 詩を読んでノートに（感《かん》）想を書く。

9 世（界《かい》）地図で北きょく海をさがす。

10 マンションの五（階《かい》）に住んでいる。

合格者平均得点

17.3 / 20

（七）つぎの――線の**漢字**の**読みがな**を――線の**右**に書きなさい。 (10) 1×10

1 味方《みかた》の選《せん》手にボールをパスする。

2 もらったあめはレモンの味《あじ》がした。

3 おばは旅行《りょこう》会社につとめている。

4 旅先《たびさき》で名物のまんじゅうを食べた。

5 算数のむずかしい問題《もんだい》がとけた。

6 先生の問《と》いに、よく考えて答える。

7 来週の漢字テストで実力《じつりょく》をためす。

8 秋になると、うら山のくりが実《みの》る。

3 5 神《じん》社の地図記 6 号《ごう》を白地図に書きこむ。

4 交番の近くで新しい電 7 柱《ちゅう》に取りかえる工 8 事《じ》をしていた。

5 9 湖《みずうみ》の中 10 央《おう》にある島までボートで行く。

6 弟を 11 相《あい》手にすもうをとって 12 負《ま》けてしまった。

7 キャンプに 13 持《も》っていくコップやお 14 皿《さら》をそろえる。

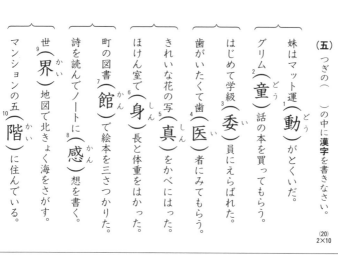

（六）つぎの——線の**カタカナ**を◯の中の**漢字**と**おくりがな（ひらがな）**で□の中に書きなさい。 (10) 2×5

〈れい〉 ㊇大 **オオキイ**花がさく。 [大きい]

1 ◯流 夜空を**ナガレル**星を見た。 1 [流れる]

2 ◯深 高原は**フカイ**きりにつつまれた。 2 [深い]

3 ◯始 赤組と白組のつな引きが**ハジマル**。 3 [始まる]

4 ◯配 遠足のしおりを**クバル**。 4 [配る]

5 ◯育 母ぐまが二頭の子ぐまを**ソダテル**。 5 [育てる]

合格者平均得点 9.4 / 10

バスの中は多くの 9 乗客《じょうきゃく》でこんでいた。
駅前からタクシーに 10 乗《の》って帰った。

合格者平均得点 9.5 / 10

（八）つぎの□の中に**漢字**を書きなさい。 (40) 2×20

1 計算ドリルで、かけ算やわり算の 1 [練]《れん》 2 [習]《しゅう》をする。

2 3 [消]《け》しゴムをかしてくれた友だちにお 4 [礼]《れい》を言う。

8 15 [温]《あたた》かいこう茶にミルクを入れて 16 [飲]《の》む。

9 プランターにパンジーのなえを 17 [植]《う》え、日の当たる場 18 [所]《しょ》におく。

10 教室の後ろの黒 19 [板]《ばん》に一週間の 20 [予]《よ》定が書いてある。

合格者平均得点 36.8 / 40

学習日 月 日

／150

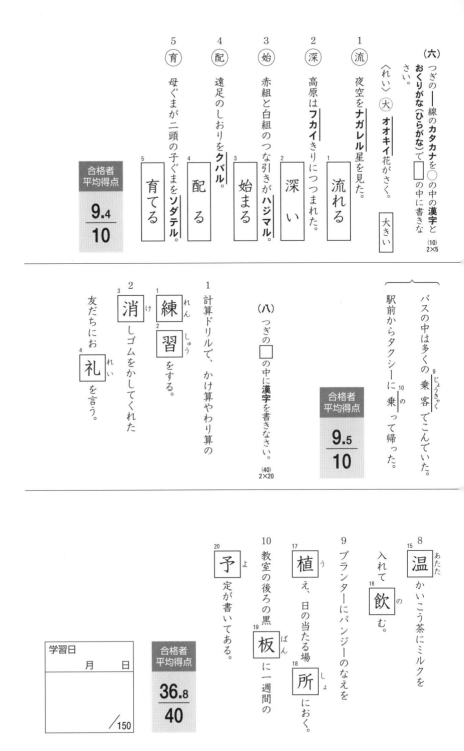

(一) つぎの――線の**漢字**の**読みがな**を――線の**右**に書きなさい。 (30) 1×30

1 公園で赤い木の実《み》を見つけた。
2 わり算の式《しき》を立てて答えを出す。
3 クラスで話し合って係を決《き》めた。
4 学級文庫《ぶんこ》の本を二さつかりた。
5 ねこが前足で毛糸の玉を転《ころ》がす。
6 グループごとに意見《いけん》をまとめた。
7 社会科の時間に農園《のうえん》を見学した。
8 リレーで次の走者《そうしゃ》にバトンをわたす。
9 温室に入ると暑《あつ》くてあせが出た。
10 アンケートの問《と》いに答える。

21 黒板に書かれた詩《し》をノートに写す。
22 先生がテストのプリントを配《くば》る。
23 港を出る船が汽笛《きてき》を鳴らした。
24 からすが電柱《でんちゅう》の上に止まった。
25 新学期《しんがっき》に席《せき》がえがあった。
26 スポーツを通じて他校と交流《こうりゅう》する。
27 花だんの土をほり起《お》こす。
28 父のお客《きゃく》さんにあいさつする。
29 五分おくれて電車が出発《しゅっぱつ》した。
30 昼すぎから風の向《む》きがかわった。

(三) （　）の中に**漢字**を書いて、上と**はんたいのいみのことば**にしなさい。 (10) 2×5

一部――1（全《ぜん》）部
さんせい――反2（対《たい》）
むかえる――3（送《おく》）る
負ける――4（勝《か》）つ
もやす――5（消《け》）す

11 友だちが投《な》げたボールを受ける。
12 バスはまもなく終点に着《つ》く。
13 おばあさんからお守《まも》りをもらった。
14 畑でじゃがいもを育《そだ》てる。
15 夜間に線路《せんろ》の工事が行われた。
16 二けたの数のかけ算を筆算《ひっさん》でする。
17 やかんの湯《ゆ》がふっとうする。
18 マスクで鼻《はな》や口をおおう。
19 スキーに行く日を相談《そうだん》する。
20 学校の池にうすい氷《こおり》がはった。

(二) つぎの**漢字**の**太いところ**は、**何番め**に書きますか。◯の中に**数字**を書きなさい。 (10) 1×10

1 命……⑥
2 悲……⑩
3 横……⑥
4 飲……⑦
5 酒……⑨
6 業……⑬
7 油……⑧
8 助……⑦
9 発……⑨
10 練……⑭

(四) **おなじなかまの漢字**を□の中に書きなさい。 (20) 2×10

しめすへん(ネ)…福の 1 [神]《かみ》・お 2 [礼]《れい》
しんにょう しんにゅう(⻌)… 3 [運]《うん》転手・4 [進]《しん》歩
くさかんむり(艹)…かぜ 5 [薬]《ぐすり》・6 [荷]《に》物
こころ(心)… 7 [急]《いそ》ぎ足・感 8 [想]《そう》
にんべん(亻)… 9 [代]《だい》表者・五 10 [倍]《ばい》

(五) つぎの（　）の中に**漢字**を書きなさい。 (20) 2×10

漢字を正しく書く練1（習《しゅう》）をする。

九2（州《しゅう》）に住むおじがたずねて来た。

駅の近くに、ゆうびん3（局《きょく》）がある。

お楽しみ会で歌う4（曲《きょく》）をえらんだ。

兄は5（短《たん》）時間で朝食をすませた。

汽車が石6（炭《たん》）をもやして走る。

月曜日に図書委7（員《いん》）会が開かれる。

弟はとなり町の病8（院《いん》）で生まれた。

自由研9（究《きゅう》）で星のかんさつをした。

野10（球《きゅう》）の試《し》合でホームランを打った。

(七) つぎの――線の**漢字**の**読みがな**を――線の**右**に書きなさい。 (10) 1×10

冬休みに北海道を1旅行《りょこう》する。

2旅《たび》の思い出に絵はがきを買う。

一年生が一列になって3歩道橋《ほどうきょう》をわたる。

谷川に木の4橋《はし》がかかっている。

5上等《じょうとう》なチョコレートをもらった。

リボンを6等《ひと》しい長さに切る。

教科書にのっている詩を7暗記《あんき》する。

雨雲におおわれて空が8暗《くら》くなった。

---

3 二年前に買ったえん筆けずりの 5 調《ちょう》 子が 6 悪《わる》 くなってきた。

4 ろう下で 7 拾《ひろ》 ったハンカチを 8 落《お》 とし主にとどけた。

5 青と黄色の絵の 9 具《ぐ》 をまぜると 10 緑《みどり》 色になる。

6 山 11 登《のぼ》 りのとちゅう、遠くに 12 美《うつく》 しい湖が見えた。

7 大きくなったら 13 世《せ》 14 界《かい》 の国々を見て回りたい。

（六） つぎの――線の**カタカナ**を○の中の**漢字**と**おくりがな（ひらがな）**で□の中に書きなさい。 (10) 2×5

〈れい〉 大 **オオキイ**花がさく。 ［大きい］

1 味 あげたての天ぷらを**アジワウ**。 1［味わう］

2 苦 高いねつが出て、とても**クルシイ**。 2［苦しい］

3 化 きつねが子どもに**バケル**話を聞いた。 3［化ける］

4 泳 銀色のいわしがむれになって**オヨグ**。 4［泳ぐ］

5 重 平たい皿を三まい**カサネル**。 5［重ねる］

---

9 根気《こんき》よく細かい作業をつづける。

10 寺の屋根《やね》に、はとがとんできた。

（八） つぎの□の中に**漢字**を書きなさい。 (40) 2×20

1 1［庭《にわ》］で作った雪だるまは、太2［陽《よう》］の光が当たってとけてしまった。

2 算数のテストは文3［章《しょう》］を読んで答える問4［題《だい》］ばかりだった。

---

8 15［息《いき》］をふきかけて、寒さでかじかんだ16［指《ゆび》］を温める。

9 地17［区《く》］のお年よりに、18［昔《むかし》］の遊びを教えてもらう。

10 チーターは19［動《どう》］物の中で走るのがいちばん20［速《はや》］い。

学習日 月 日
／150

8級 しけんもんだい 12 標準《ひょうじゅん》解答《かいとう》(こたえ)【本冊《ほんさつ》82〜87ページ】

(一) つぎの――線の**漢字**の**読みがな**を――線の**右**に書きなさい。 (30) 1×30

1 北国できびしい寒《さむ》さがつづく。
2 つめたい風が当たって鼻《はな》が赤くなる。
3 始業式《しぎょうしき》で校長先生の話を聞いた。
4 コンパスを使《つか》って円をかく。
5 ポットの湯《ゆ》でお茶をいれる。
6 店員《てんいん》が手ぎわよく商品をつつむ。
7 田中君《くん》とサイクリングに行く。
8 れいぞう庫《こ》からジュースを取り出す。
9 坂《さか》を上ったところに公園がある。
10 教科書の文章《ぶんしょう》を声に出して読む。

21 絵を見て感《かん》じたことを話し合う。
22 そろばんの玉を指《ゆび》ではじく。
23 塩《しお》を入れてスープの味《あじ》をととのえる。
24 羊《ひつじ》の毛から毛糸が作られる。
25 物語の内ようを短《みじか》くまとめる。
26 あせでぬれたシャツを着《き》かえた。
27 都会《とかい》で多くの人がくらしている。
28 二羽の鳥が北の方向《ほうこう》にとんでいく。
29 のこぎりで板《いた》をまっすぐに切る。
30 昔は明かりに石油《せきゆ》ランプを用いた。

(三) (　)の中に**漢字**を書いて、上と**はんたいのいみのことば**にしなさい。 (10) 2×5

配る――1(集《あつ》)める
止まる――2(進《すす》)む
下校――3(登《とう》)校
たて書き――4(横《よこ》)書き
生まれる――5(死《し》)ぬ

11 だれもが幸福《こうふく》になりたいとねがう。

12 ぼくの弟は負《ま》けずぎらいだ。

13 黒い炭《すみ》で雪だるまの目を作る。

14 いちごをビニールハウスで育《そだ》てる。

15 お楽しみ会の日時が決定《けってい》した。

16 足をふんばって全力《ぜんりょく》でつなを引く。

17 バスに乗車する人の列《れつ》ができる。

18 二つの島は橋《はし》でつながっている。

19 テストの点数が予想《よそう》よりよかった。

20 頭がいたくて医者《いしゃ》にみてもらった。

(二) つぎの漢字の**太いところ**は、**何番め**に書きますか。◯の中に**数字**を書きなさい。 (10) 1×10

1 問……⑨

2 委……⑦

3 薬……⑬

4 緑……⑩

5 勝……⑧

6 波……⑧

7 感……⑬

8 根……⑩

9 美……⑨

10 階……⑫

(四) おなじなかまの漢字を□の中に書きなさい。 (20) 2×10

ちから（力）……1 勉《べん》強・2 助《たす》ける

しんにょう しんにゅう（⻌）……水3 遊《あそ》び・4 運《うん》転

さんずい（氵）……5 流《なが》れ星・6 深《ふか》い

くさかんむり（艹）……7 苦《にが》い・8 落《お》ちる

しょくへん（飠）……図書9 館《かん》・10 飲《の》む

（五） つぎの（　）の中に**漢字**を書きなさい。 (20) 2×10

1 大空を自（由《ゆう》）にとべる羽がほしい。

2 （有《ゆう》）名な昔話を紙しばいにする。

3 世（界《かい》）大会で金メダルを取る。

4 駅前のデパートは十時に（開《かい》）店する。

5 食べすぎておなかの（調《ちょう》）子がよくない。

6 一（丁《ちょう》）の豆ふを四つに切った。

7 太（陽《よう》）が動くとかげの向きがかわる。

8 （洋《よう》）服をぬいでハンガーにかけた。

9 冬休みに九（州《しゅう》）のおばの家に行く。

10 文ぼう具店で（習《しゅう》）字の筆を買う。

（七） つぎの――線の**漢字**の**読みがな**を――線の**右**に書きなさい。 (10) 1×10

1 げきのせりふを全部、暗記《あんき》した。

2 街灯《がいとう》が暗《くら》い夜道をてらす。

3 ほけん室で身長と体重《たいじゅう》をはかった。

4 ペンキを何度もぬり重《かさ》ねる。

5 地下鉄の乗車《じょうしゃ》けんを買う。

6 船に乗《の》って島めぐりをした。

7 県大会での活やくを期待《きたい》される。

8 列にならんでバスが来るのを待《ま》った。

---

3 父は高校時 5 代《だい》に野 6 球《きゅう》部で投手として活やくした。

4 時計回りと 7 反《はん》 8 対《たい》にグラウンドを走る。

5 兄と 9 相《そう》 10 談《だん》して、両親にプレゼントをすることにした。

6 工場見学の後、お世話になった 11 係《かかり》の人にお 12 礼《れい》を言った。

7 げんかんで母といっしょにお 13 客《きゃく》さんを見 14 送《おく》った。

（六） つぎの――線の**カタカナ**を○の中の**漢字**と**おくりがな（ひらがな）**で□の中に書きなさい。 (10) 2×5

〈れい〉 (大) **オオキイ**花がさく。 [大きい]

1 (整) つくえの引き出しの中を**トトノエル**。 [1 整える]

2 (注) この川はやがて海に**ソソグ**。 [2 注ぐ]

3 (返) かりたかさを友だちに**カエス**。 [3 返す]

4 (化) たぬきが人間に**バケル**話を読んだ。 [4 化ける]

5 (等) 三本のひもの長さは**ヒトシイ**。 [5 等しい]

犬のけががなおって 9 安心《あんしん》 した。

スーパーで牛肉の 10 安売《やすう》 りをしていた。

（八） つぎの□の中に**漢字**を書きなさい。 (40) 2×20

1 今朝は気[1 温《おん》]がとてもひくくて、はく[2 息《いき》]が白く見える。

2 交通ルールを[3 守《まも》]り、車に注意して道[4 路《ろ》]をわたる。

8 日曜日は早[15 起《お》]きをして畑[16 仕《し》]事をてつだった。

9 夕ごはんの前に[17 宿《しゅく》][18 題《だい》]をやり終えた。

10 [19 湖《みずうみ》]の[20 岸《きし》]に白いボートが近づいてきた。

学習日　　月　　日

／150

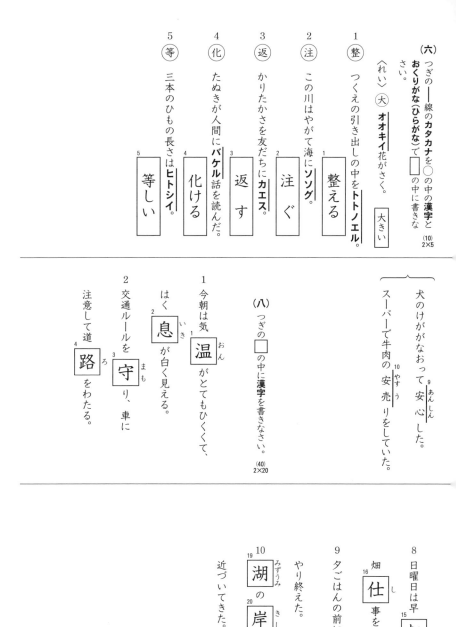

（一） つぎの——線の**漢字**の**読みがな**を——線の**右**に書きなさい。 (30) 1×30

1 原っぱで赤とんぼを追《お》いかけた。

2 麦をかり取る時期《じき》になった。

3 学校で歯医者《はいしゃ》さんの話を聞いた。

4 小数のたし算を筆算《ひっさん》でする。

5 王子はやさしい心の持ち主《ぬし》だった。

6 雨がふって地面《じめん》がやわらかくなる。

7 子犬がくんくんと鼻《はな》を鳴らす。

8 バトンを反対《はんたい》の手に持ちかえる。

9 白い皿《さら》にケーキを三つのせる。

10 ねん土を板の上で平《ひら》たくのばした。

21 電車が川にかかる鉄橋《てっきょう》をわたる。

22 道で拾《ひろ》ったお金を交番にとどけた。

23 商店《しょうてん》がいが多くの人でにぎわう。

24 ホテルの五階《ごかい》にレストランがある。

25 夕方になると風の向《む》きがかわった。

26 くわがた虫が死《し》んだふりをする。

27 みそしるに油《あぶら》あげとねぎを入れる。

28 からすが電柱《でんちゅう》の上に止まった。

29 岩に波《なみ》が当たって水しぶきが上がる。

30 かんらん車がゆっくり回転《かいてん》する。

合格者平均得点 28.9 / 30

（三） （　）の中に**漢字**を書いて、上と**はんたいの いみのことば**にしなさい。 (10) 2×5

終わる——1（始《はじ》）まる

直線——2（曲《きょく》）線

とう着——出3（発《ぱっ》）

勝ち——4（負《ま》）け

せめる——5（守《まも》）る

合格者平均得点 9.4 / 10

11 妹はお化《ば》けの絵本がすきだ。

12 すず虫の美《うつく》しい鳴き声がする。

13 軽《かる》くて歩きやすいくつを買った。

14 雨でグラウンドが使用《しよう》できない。

15 学げい会のげきで王女の役《やく》をした。

16 他校《たこう》の人と手紙のやり取りをする。

17 深《ふか》い海にすむ魚を図かんで見る。

18 学級文庫《ぶんこ》の本をきれいにならべる。

19 息を切らして坂道《さかみち》をかけ上がる。

20 木々の間から太陽《たいよう》の光がさしこむ。

(二) つぎの**漢字**の**太いところ**は、**何番め**に書きますか。◯の中に**数字**を書きなさい。

(10) 1×10

番号	漢字	答え
1	族	⑤
2	返	⑥
3	秒	④
4	漢	⑩
5	皮	①
6	物	⑧
7	植	⑫
8	両	⑥
9	病	⑩
10	事	⑧

合格者平均得点 8.8 / 10

(四) **おなじなかまの漢字**を□の中に書きなさい。

(20) 2×10

こころ（心）…1 悲《かな》しみ・2 意《い》見

いとへん（糸）…3 練《れん》習・4 緑《みどり》色

さんずい（氵）…体5 温《おん》計・6 消《しょう》火

おおざと（阝）…全7 部《ぶ》・8 都《と》会

くさかんむり（艹）…9 薬《くすり》指・10 落《お》とす

合格者平均得点 18.4 / 20

（五）つぎの（　）の中に**漢字**を書きなさい。

(20)
2×10

1 クラス全（員《いん》）で大なわとびをした。

2 ねつが高いので病（院《いん》）に行った。

3 ふるさとで幸（福《ふく》）な毎日をすごす。

4 洋（服《ふく》）をハンガーにかける。

5 少年野（球《きゅう》）のチームに入った。

6 次の駅で（急《きゅう》）行電車に乗りかえる。

7 お楽しみ会の出し物を（相《そう》）談する。

8 テレビで人形げきを放（送《そう》）していた。

9 図書（館《かん》）で読み聞かせの会があった。

10 童話を読んで（感《かん》）想文を書く。

合格者平均得点

17.7/20

（七）つぎの――線の**漢字**の**読みがな**を――線の**右**に書きなさい。

(10)
1×10

1 姉といっしょに登校《とうこう》する。

2 世界でいちばん高い山に登《のぼ》りたい。

3 今日の話し合いは短時間《たんじかん》で終わった。

4 わたしには気の短《みじか》いところがある。

5 細かい作業を根気《こんき》よくつづける。

6 木の根《ね》につまずいて転びそうになった。

7 ろう下に出て整列《せいれつ》した。

8 かがみの前でかみの毛を整《ととの》える。

3 夏休みの自由研究で 5 流《なが》れ星について 6 調《しら》べた。

4 近所に 7 住《す》んでいる友だちが家に 8 遊《あそ》びに来た。

5 母はぶらんこに乗っている弟を 9 写《しゃ》 10 真《しん》にとった。

6 みやげにもらった 11 有《ゆう》名なだんごを 12 味《あじ》わって食べた。

7 ボートをこいで、13 湖《みずうみ》にうかぶ小さな 14 島《しま》にわたる。

(六) つぎの――線の**カタカナ**を○の中の**漢字**と**おくりがな(ひらがな)**で□の中に書きなさい。 (10) 2×5

〈れい〉 (大) **オオキイ**花がさく。 [大きい]

1 (進) 計画が予定どおりに**ススム**。 1 [進む]

2 (注) わかしたお湯をポットに**ソソグ**。 2 [注ぐ]

3 (受) 兄の投げるボールを**ウケル**。 3 [受ける]

4 (暗) **クライ**夜空にいなずまが光る。 4 [暗い]

5 (定) 学級の生活目標《ひょう》を**サダメル**。 5 [定める]

合格者平均得点 9.3/10

---

9 [植物園《しょくぶつえん》]でめずらしい花を見た。
公園にさくらのなえ木を10 [植《う》]えた。

合格者平均得点 9.4/10

(八) つぎの□の中に**漢字**を書きなさい。 (40) 2×20

1 姉に教わりながら、1 [苦]《にが》手な算数の2 [勉]《べん》強をした。

2 校3 [庭]《てい》に植えてある木に、赤い4 [実]《み》がなっている。

---

8 テストでまちがえた15 [問]《もん》16 [題]《だい》を家でもう一度といてみる。

9 新しく17 [開]《かい》店した店に、多くの18 [客]《きゃく》が来ていた。

10 今朝は早く19 [起]《お》きて20 [神]《じん》社のとりいまで走った。

合格者平均得点 37.5/40

学習日 月 日

/150

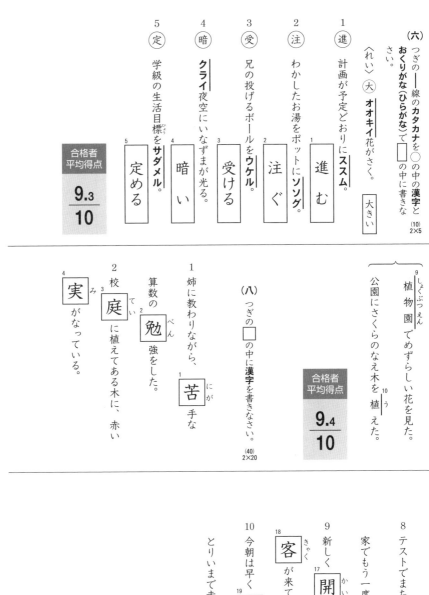

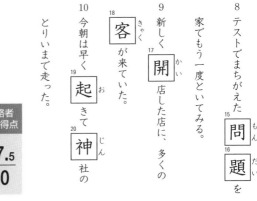

7級 しけんもんだい ふろく

標準解答《ひょうじゅんかいとう》（こたえ）【本冊《ほんさつ》88～91ページ】

(一) 読み (20) 1×20

1	2	3	4	5	6	7	8	9	10	11	12
つづ	よ	た	じっけん	あくてんこう	す	わか	まわ	お	ちょうせつ	めし	しず

(二) 読み (10) 1×10

1	2	3	4	5	6	7	8	9	10
どりょく	つと	じかく	さ	けつまつ	むす	しょきゅう	はじ	きゅうよう	やしな

合格者平均得点 9.4/10

(四) 画数（算用数字）(10) 1×10

	1	2	3	4	5	6	7	8	9	10
	何画目					総《そう》画数				
	7	10	6	12	8	16	15	13	10	9

合格者平均得点 8.8/10

(五) 音読み・訓読み（記号）(20) 2×10

1	2	3	4
ア	イ	ア	イ

(七) 漢字と送りがな（ひらがな）(14) 2×7

1	2	3	4	5	6	7
包む	冷たい	治る	挙げる	祝う	折れる	働く

合格者平均得点 12.8/14

(九) 同じ読みの漢字 (16) 2×8

1	2	3	4	5	6	7	8
最	菜	完	管	察	札	産	参

合格者平均得点 13.4/16

(十) 漢字 (40) 2×20

1	2	3	4	5	6	7	8	9	10	11	12
飛	輪	仲	令	兆	残	未	徳	必	加	伝	焼

20	19	18	17	16	15	14	13
わら	ざいもく	へんか	ふくさよう	かくち	ねっせん	しょうせつ	がいとう

合格者平均得点 18.5 / 20

㈢ 漢字えらび（記号）（20

10	9	8	7	6	5	4	3	2	1
ア	ウ	ウ	ア	イ	ウ	ア	イ	イ	ウ

2×10

合格者平均得点 19.1 / 20

10	9	8	7	6	5
イ	ア	ア	イ	イ	ア

合格者平均得点 14.7 / 20

㈥ 対義語《ぎ》（一字）（10）

5	4	3	2	1
満	無	昨	席	利

2×5

合格者平均得点 8.3 / 10

㈧ 同じ部首の漢字（20

ウ				イ			ア		
10	9	8	7	6	5	4	3	2	1
法	浴	浅	漁	借	健	側	改	散	敗

2×10

合格者平均得点 17.9 / 20

㈩ じゅく語作り（記号）（2

五		四		三		二		一	
10	9	8	7	6	5	4	3	2	1
エ	イ	ウ	ア	オ	ウ	オ	イ	エ	ア

2×10

合格者平均得点 17.6 / 20

20	19	18	17	16	15	14	13
好	貨	低	差	底	泣	種	博

合格者平均得点 33.2 / 40

学習日　月　日

／200

8級受検者《じゅけんしゃ》の年齢層別割合《ねんれいそうべつわりあい》（2019～2021年度）

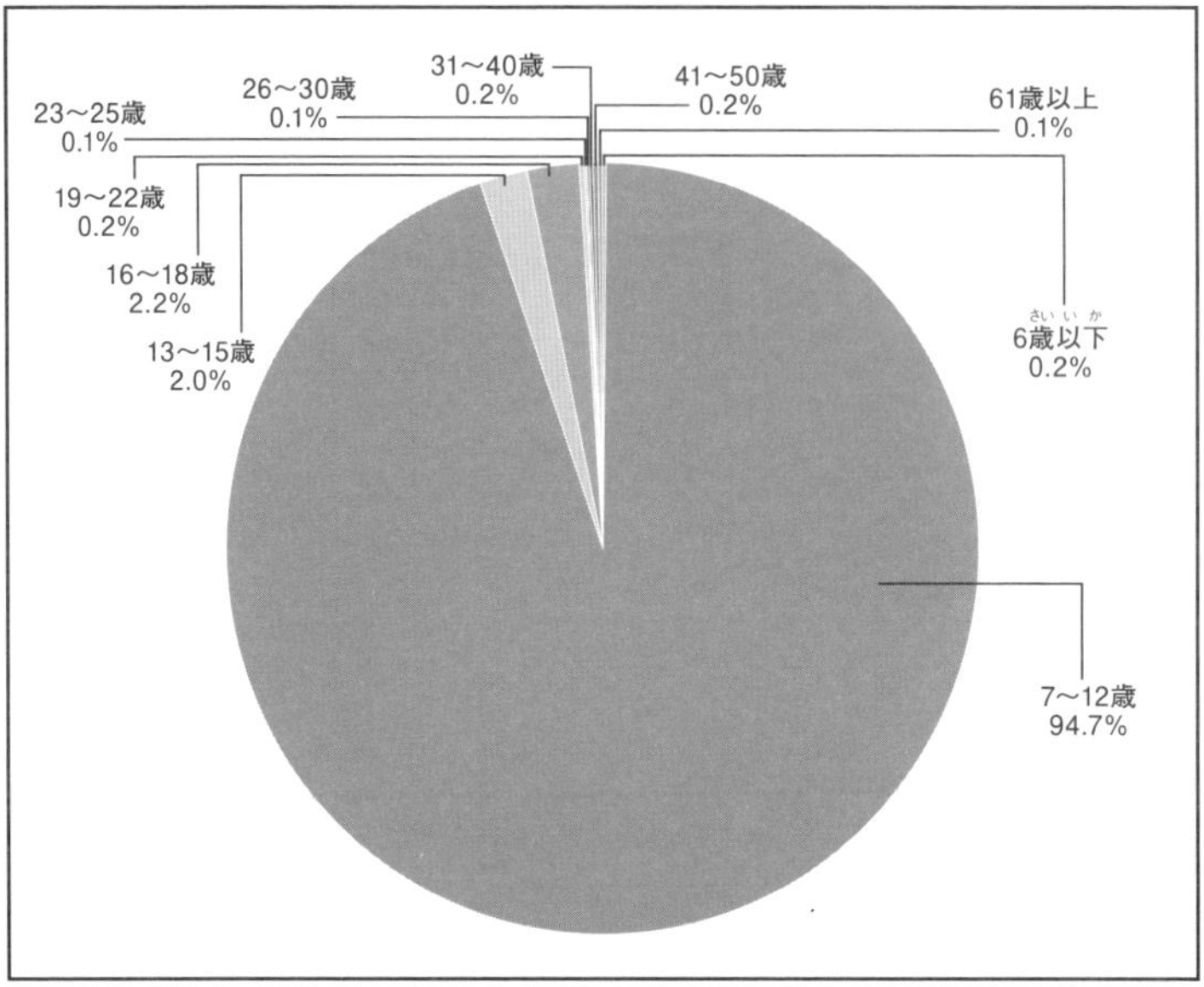

8級の大問別正答率《りつ》（しけんもんだい 8 ）

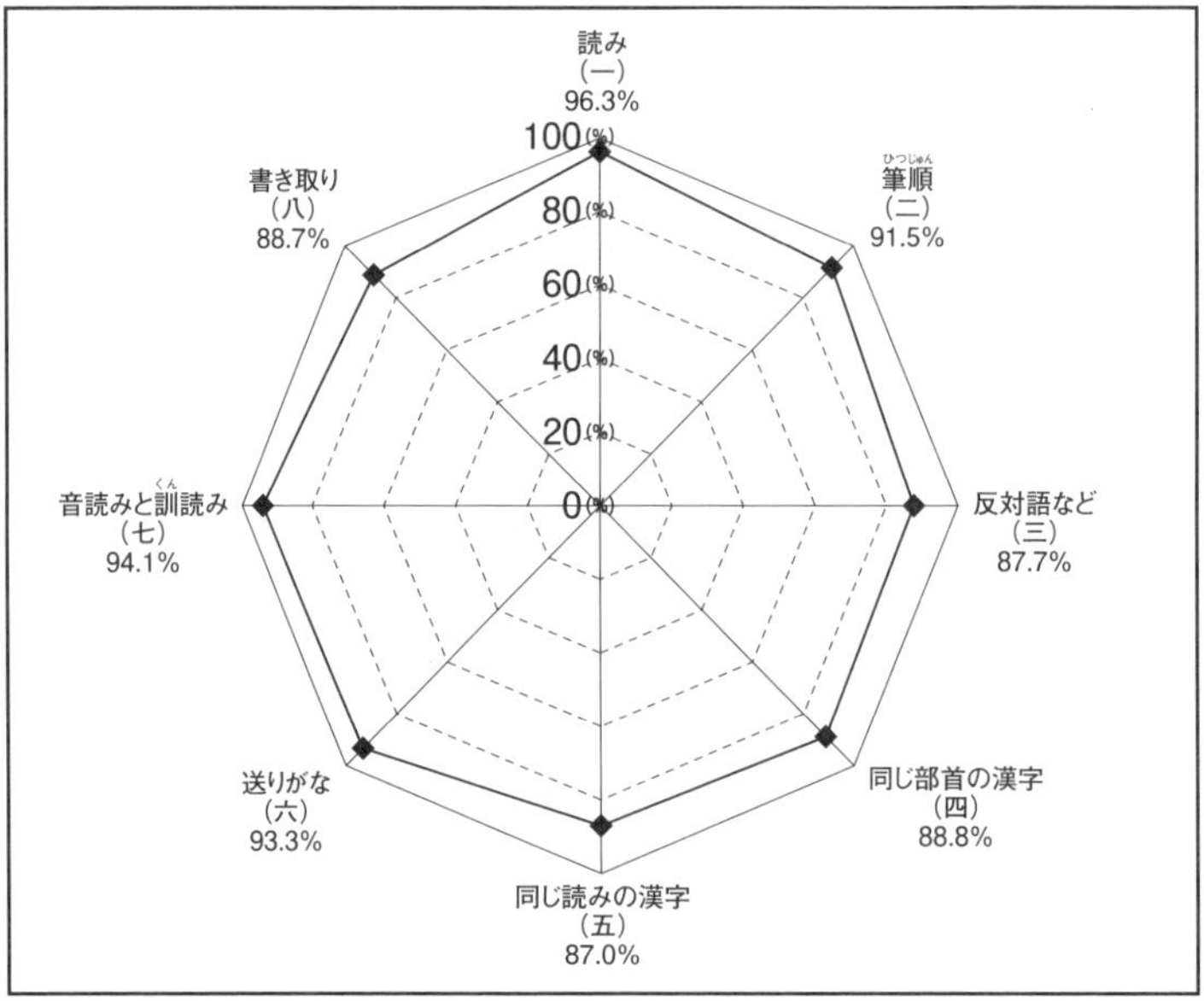